Harald Parigger

Tod im Morgengrauen

Robert Blum und die Revolution von 1848

W0196234

Tod im Morgengrauen

Robert Blum und die Revolution von 1848

Harald Parigger

**WOCHEN
SCHAU
VERLAG**

Bibliografische Information der Deutschen Nationalbibliothek

Die Deutsche Nationalbibliothek verzeichnet diese Publikation in der Deutschen Nationalbibliografie; detaillierte bibliografische Daten sind im Internet unter http://dnb.d-nb.de abrufbar.

Das Begleitmaterial für Lehrkräfte ⬇ zu diesem Buch finden Sie unter:

https://www.wochenschau-verlag.de/Tod-im-Morgengrauen/41628

Bitte wählen Sie dort den Reiter „Downloads" an.

Die Reihe #hiStory wird herausgegeben von Monika Rox-Helmer und Ulrich Schnakenberg.
Band 1: Harald Parigger: Komm, Bruder Tod. Ein Mittelalter-Krimi

*Leicht überarbeitete Neuauflage; erschienen erstmals 2011
im Arena-Verlag unter dem Titel 1848 – Robert Blum und die
Revolution der vergessenen Demokraten*

© WOCHENSCHAU Verlag,
  Dr. Kurt Debus GmbH
  Frankfurt/M. 2024

www.wochenschau-verlag.de

Titelbild: Carl Steffeck: Hinrichtung Robert Blums, 1848/49
Gesamtherstellung: Wochenschau Verlag
Gedruckt auf chlorfrei gebleichtem Papier
Print-ISBN 978-3-7344-1628-6
PDF-ISBN 978-3-7566-1628-2
https://doi.org/10.46499/2139
ISSN 2943-002X
eISSN 2943-0585

Inhalt

Vorwort

Liebe Leserin, lieber Leser,

da es noch keine Möglichkeit für Zeitreisen gibt, können wir nicht direkt miterleben, wie es im Jahr **1848** zuging, als in dem Gebiet, das wir heute Deutschland nennen, die **Revolution** ausbrach. Plötzlich erschien vieles möglich und es wurde einiges begonnen, was für uns heute noch wichtig ist. Ein Roman, der über den Kampf um Freiheit und Einheit vor 175 Jahren erzählt, ist natürlich keine Zeitmaschine, er funktioniert aber ähnlich: Er macht es möglich, zumindest einmal für einige Stunden **gedanklich in diese Vergangenheit zu reisen**.

Die Vergangenheit bestimmt in ganz vielen Dingen unser Leben: Wir leben heute in einer **Demokratie**, aber die hat es nicht immer gegeben. Unsere Demokratie ist Ergebnis eines langen Prozesses, der zeigt, dass diese Staatsform nicht einfach zu errichten war und auch nicht einfach zu erhalten ist. Um unser Land und unser Leben heute mitgestalten zu können, sollten wir die Vergangenheit kennen, aus der die Demokratie schließlich nach langem Kampf und diversen Rückschlägen hervorgegangen ist. Um die Demokratie zu verteidigen – und sie weiterzuentwickeln – , sollten wir die Ideale und Werte jener Menschen kennen, die in der Vergangenheit für die „Herrschaft des Volkes" gekämpft haben.

Die **Vergangenheit prägt unsere Gegenwart** und wir können **Ideen für die Zukunft** aus ihr ableiten. In der Vergangenheit sind wichtige Erfahrungen – gute und schlechte – gespeichert, die bereits gemacht worden sind. Um diese **Schätze menschlicher Erfahrungen** nutzen zu können, hilft es, sich die **Vergangenheit vorstellen** zu können. Allerdings ist das nicht ganz leicht, denn die Vergangenheit ist uns zunächst einmal sehr fremd. Nicht nur die Gegebenheiten des Lebens sind vor 175 Jahren andere gewesen als heute, auch das Denken der **Menschen** war anders. Warum haben einige „revolutionäre" Ideen vertreten während andere für die Königsherrschaft gekämpft haben? Wie haben einzelne Personen oder Personengruppen bewirkt, dass sich etwas änderte? Was haben diejenigen erlebt, die heute in den Geschichtsbüchern nur am Rande erwähnt werden?

Geschichte erzählt von solchen menschlichen Erfahrungen – wobei es „**die**" **Geschichte** so gar nicht gibt. Vielmehr besteht „Geschichte" aus **unendlich vielen Geschichten**, die schon erzählt sind oder die wir uns selbst konstruieren, wenn wir auf Überreste aus der Vergangenheit stoßen. Nur über solche Erzählungen können wir uns überhaupt ein Bild von der Vergangenheit machen.

Romane, die Geschichte erzählen, können hierbei besonders hilfreich sein. Sie laden dazu ein, sich eine vergangene Welt vorzustellen, indem man als Leserin und Leser die Hauptpersonen bei ihren Abenteuern, Leiden und Freuden begleitet. Eine solche ‚Zeitreise' macht es möglich, abzutauchen in diese andere Welt und diese ein bisschen mitzuerleben. Natürlich ist eine im *Roman* dargestellte Welt vom Autor oder der Autorin **ausgedacht**. Aber wenn er oder sie gut **recherchiert** hat, zeigt die Romanwelt, wie die Menschen tatsächlich in früheren Zeiten gelebt, gehandelt, gedacht oder auch gelitten haben könnten.

Als Leser oder Leserin hat man durch das **Eintauchen** in solche Geschichten die Chance, sich eine vergangene Welt **leichter vorzustellen**. Die Figuren des historischen Romans lassen uns an ihrem Alltag, ihren Abenteuern und ihren Schicksalen teilhaben, wir können uns mit ihnen freuen oder mit ihnen leiden. Dabei lernen wir ihre Lebenswelt kennen und erkennen **Unterschiede zu unserem eigenen, gegenwärtigen Leben**. Kurz: wir können uns ein Bild von der Zeit machen, in der diese Figuren leben.

Harald Parigger hat gründlich über die Zeit der Revolution 1848 recherchiert. Auf dieser Grundlage hat er den Roman „Tod im Morgengrauen" entwickelt, in der er sich vorstellt, wie ein Straßenjunge, den es so nie gegeben hat, **Robert Blum**, einen Demokraten der ersten Stunde, kennen und schätzen gelernt haben könnte. Er erzählt dabei so, dass man beim Lesen in die Gedanken und Gefühlswelt von Menschen der damaligen Zeit eintauchen kann. Die Erzählkapitel wechseln sich mit Sachbuchseiten ab, auf denen der Autor die Vorgeschichte sowie den historischen Hintergrund erklärt. Außerdem sind auf diesen Seiten Texte und Bilder zu finden, die aus der Zeit, über die erzählt wird, stammen. So kannst du selbst prüfen, ob dich die Vorstellungen des Autors über das Zusammentreffen der so unterschiedlichen Figuren im historischen Rahmen überzeugen.

Wir wünschen dir viel Spaß bei der Lektüre!

Die Herausgeber
Monika Rox-Helmer und Ulrich Schnakenberg

1. Tod durch Pulver und Blei

Die Kutsche rumpelte durch den Nebel. Vorn auf dem Bock hockte der Kutscher und dirigierte verdrießlich seine beiden Rappen über den holperigen Fahrweg. Eigentlich hätte er heute früh frei gehabt, Zeit, in Ruhe den Rausch der vergangenen Nacht auszuschlafen. Stattdessen hatte er in aller Herrgottsfrühe einen Gefangenen abholen müssen.

Verdammt, hätte der nicht zu Fuß gehen können? Es wär doch bloß das bisschen Hinweg gewesen. Zurück konnte er sich ja tragen lassen …

Der Witz gefiel ihm, und seine Stimmung besserte sich ein wenig.

„Meine Frau! Meine Kinder!"

Der Kutscher zuckte zusammen. Mein Gott, jetzt jammerte er auch noch! Hätte er sich früher überlegen müssen!

Die Verzweiflung, die aus der Stimme klang, drang in sein Innerstes und blieb dort haften wie zäher Schleim.

Wenn er jetzt in dieser Kutsche säße und wüsste, er würde seine Resi nie wieder sehen …

Er fluchte und spuckte aus. Konnte ihm nicht passieren, er war kein Aufrührer wie der da. Den Kaiser hätte er stürzen wollen, hieß es. Den Kaiser! Der Kutscher schüttelte den Kopf. Das war fast so, als hätte er sich gegen den Herrgott verschworen. Trotzdem, was dem armen Hund jetzt bevorstand …

Um sich abzulenken, musterte er die Uniformierten, die neben der Kutsche ritten.

Jäger* waren es, schneidige Burschen mit Perkussionsgewehren*, die angeblich niemals daneben schossen.

Eben hob der Zugführer, ein Leutnant, die Hand. „Halt!"

Der Trupp war jetzt vielleicht eine halbe Wegstunde von der Leopoldstadt* entfernt und hielt vor der fensterlosen Wand eines großen Hauses, das inmitten einer Brache lag. Ein verfallenes Gutshaus vielleicht.

„Blum, kommen Sie heraus!", rief der Leutnant. Es klang freundlich, mehr wie eine Bitte, nicht wie ein Befehl. Umständlich, weil ihm die Hände gefesselt waren, kletterte ein Mann aus der Kutsche. Er war nicht sehr groß, aber korpulent; das auffälligste an ihm waren seine langen Locken und sein dichter Bart, der nur die Oberlippe freiließ. Er blinzelte, so wie es kurzsichtige Leute machen.

Wie ein gewalttätiger Aufrührer sah er nicht aus, aber wer wusste schon, was in so einem Kerl steckte!

Der Kutscher gähnte und dachte an das Frühstück, das auf ihn wartete.

„Absitzen!", befahl der Leutnant.

Als die Jäger, das Gewehr in der rechten Faust, neben ihren Gäulen standen, griff der Kutscher in die Zügel und schnalzte mit der Zunge.

„Nix da, Bürscherl, wir bleiben da", schnauzte der Leutnant.

Der Mann wollte aufbegehren, aber der junge Offizier fasste wie beiläufig an seinen Degen, da ließ er es sein. Bürscherl! Er war schon Soldat gewesen, als der Milchbart vor ihm noch in die Windeln geschissen hatte! Wütend wandte er sich ab und tat, als kümmerte er sich um nichts. Doch er sah über die Schulter, damit ihm nichts entging.

Der Mann aus der Kutsche war inzwischen von zwei Soldaten an das Haus geführt worden, seinen Rock hatte er ablegen müssen. Vor der großen, glatten, schmutzigen Wand wirkte seine massige Gestalt plötzlich klein und verloren. Er blinzelte immer noch, als glaubte er nicht, was er sah, und sprach kein Wort. Erst als einer der Jäger ein Tuch aus dem Rock zog und es zu einer Binde faltete, sagte er: „Nein, nicht die Augen verbinden. Ich möchte sehen …"

„Kommen S', Blum!", bat der Leutnant freundlich. „Denken S' an meine Männer! Glauben Sie, es ist angenehm, jemanden zu erschießen, der einem in die Augen schaut?"

Der Gefangene zuckte die Achseln, aber er ließ sich, als der Jäger erneut auf ihn zutrat, widerspruchslos die Binde um die Augen legen.

Die Hände gefesselt und die Augen verbunden … Er schrumpfte noch mehr vor der schmutzigen Öde der Wand.

„Haben S' noch was zu sagen, Blum?"

Der Gefangene öffnete den Mund, dann zögerte er einen Moment, dann sagte er mit klarer, lauter und fester Stimme: „Ich sterbe für die Freiheit! Möge das Vaterland meiner eingedenk sein!"

Der Leutnant runzelte die Stirn, nicht ärgerlich, eher verständnislos.

Dann hob er den Degen.

„Legt an!"

Zwölf Gewehre flogen an die Schultern.

„Fasst Ziel auf!"

Der Degen fuhr nach unten.

„Gebt Feuer!"

Die Schüsse krachten, unregelmäßig, Ziegelsplitter spritzten, ein paar Querschläger jaulten. Aber mehrere Schüsse trafen auch ihr Ziel.

Der Kutscher sah mit leise schauderndem Interesse, wie plötzlich ein rötliches Loch in der Stirn des Delinquenten klaffte und sich ein dunkler Fleck auf seinem Hemd ausbreitete.

Langsam sank der Mann in sich zusammen, kippte dann seitwärts und lag still.

Der Leutnant schüttelte den Kopf mit leisem Bedauern.

„Räumts eahn weg, Männer, in die Kutsch'n!"

Der Kutscher wollte protestieren, aber der Leutnant fuhr ihn an: „Untersteh dich, Bürscherl! Grad aso war's ausgemacht, und dafür bist net schlecht zahlt worden."

Mürrisch duldete der Kutscher, dass die Jäger den Toten in seine Kutsche verfrachteten, aber erst, nachdem er eine alte Pferdedecke über die Sitze gebreitet hatte. Das fehlte noch, dass ihm ein solcher Aufrührer die Polster versaute!

Als die Jäger wieder im Sattel saßen und die Kutsche mit dem Hingerichteten davonrollte, sah sich der Leutnant prüfend um. Nur ein paar Kratzer an der Wand legten Zeugnis ab von dem, was hier gerade geschehen war.

„Machts kaan Aufhebens, Schani!", hatte ihm sein Rittmeister gesagt. „Erledigts des irgendwo, wo's kaaner sieht. Sonst gibt's wieder an Aufstand!"

Nachdenklich wischte sich der Leutnant ein welkes Blatt von seiner Uniform.

Für die Freiheit hatte der Kerl sterben wollen. Ja, für wessen Freiheit denn? Er war doch frei gewesen! Und jetzt? Jetzt war er mausetot.

Langsam ritt er davon und winkte seinen Männern, ihm zu folgen. Hinter ihm versank die einsame Richtstätte im Novembernebel.

Ein freies und geeintes Vaterland?

Was für andere Völker um die Wende zum 19. Jahrhundert selbstverständlich war, dass z.B. alle Franzosen und alle Engländer in einem (National-)Staat zusammenlebten, galt für die Deutschen nicht. So sprachen zwar die Menschen aus Berlin, Dresden oder München, aus Stuttgart, Wien oder aus Flensburg die gleiche Sprache, nämlich deutsch. Aber ein Berliner war Untertan des Kurfürsten von Brandenburg, ein Dresdner Untertan des Kurfürsten von Sachsen, ein Münchner gehörte zum Kurfürstentum Bayern, ein Stuttgarter zum Herzogtum Württemberg, ein Wiener war dem Erzherzog von Österreich untertan und ein Flensburger gehörte zum Königreich Dänemark.

Während nämlich in England und Frankreich die einzelnen *Fürstengebiete zu einem Staatsgebiet zusammengewachsen* waren, das von einem König regiert wurde, hatten sich in Deutschland alle Fürstentümer zu selbstständigen *Kleinstaaten* entwickelt. Es gab zwar ein deutsches Reich mit einem Kaiser an der Spitze (der Erzherzog von Österreich trug diesen Titel), aber der Kaiser hatte den Fürsten nichts zu sagen. So bestand das „deutsche Reich" eigentlich nur auf dem Papier.

Das hatte ganz seltsame Folgen: Wer durch Deutschland reiste, der musste eine Staatsgrenze nach der anderen passieren, ständig andere Gesetze befolgen, mit anderem Geld und, wenn er Waren mit sich führte, dauernd Zoll bezahlen.

Viele Menschen, vor allem Gelehrte, Künstler und Geschäftsleute, wünschten sich einen deutschen Staat, in dem es keine Grenzen mehr gäbe. Aber das hätte bedeutet, dass die vielen kleineren und größeren *Fürsten* ihre Macht aufgeben – und das wollte natürlich keiner der „kleinen Könige".

Als in Frankreich nach der Revolution von 1789* der Korse *Napoleon Bonaparte*, ein sehr erfolgreicher Feldherr, an die Macht kam und sich selbst zum Kaiser der Franzosen krönte, veränderte sich die Welt: Napoleon begann Teile Europas zu erobern und überzog auch deutsche Gebiete mit Krieg. Unter seinem Einfluss wurden viele kleine deutsche Fürstentümer einfach abgeschafft und andere vergrößert. Von denen schlossen etliche aus Dankbarkeit oder auch aus Angst mit Napoleon ein Bündnis. Damit waren sie praktisch seine Untertanen.

Da legte der Erzherzog von *Österreich* die *Kaiserkrone* nieder. Wenn so viele Fürsten dem Kaiser der Franzosen folgen, erklärte er, dann braucht man auch keinen deutschen Kaiser mehr, dann gibt es das deutsche Reich nämlich nicht mehr.

Das war im Jahr 1806.

Napoleon krönt sich selbst zum Kaiser der Franzosen, 1804

Allmählich aber wuchs der Widerstand gegen den französischen Eroberer Napoleon: Die Fürsten wollten Krieg gegen ihn führen, um wieder selbstständig zu werden. Aber auch in der Bevölkerung, vor allem in der studentischen Jugend, gab es viele, die Napoleon, den sie als Gewaltherrscher empfanden, loswerden wollten. Das kriegerische „Vaterlandslied" von Ernst Moritz Arndt (vgl. nächste Seite) spiegelt diese Stimmung wider.

Die Studenten dachten, wenn Frankreich besiegt wäre, würden sich alle deutschen *Kleinstaaten* zu einem großen Staat, *einer Nation** zusammenschließen. Gleichzeitig, so hofften sie, würden die Fürsten dann allen Untertanen *mehr Freiheiten* gewähren: *Parlamente*, die sie wählen durften, Menschenrechte, die für alle galten, ein gerechtes Steuersystem. Jedoch: ihre Hoffnungen wurden bitter enttäuscht. Zwar wurde Napoleon tatsächlich besiegt und auf eine einsame Insel verbannt. Aber auf dem *Wiener Kongress*, auf dem alle großen und kleinen Herrscher nach dem Sieg über Napoleon zusammenkamen, wurde beschlossen, dass die Fürstentümer, die es noch gab, weiter bestehen und *die Fürsten* ihre bisherige Macht behalten sollten. Nur einen losen Zusammenschluss aller deutschen Fürstentümer, der sich *„Deutscher Bund"* nannte, sollte es geben. Von Parlamenten und Menschenrechten war nicht die Rede. Das geeinte und freie Vaterland blieb weiterhin ein Traum.

Vaterlandslied (von Ernst Moritz Arndt, 1813)

Der Gott, der Eisen wachsen ließ.
der wollte keine Knechte;
drum gab er Säbel, Schwert und Spieß
dem Mann in seine Rechte;
drum gab er ihm den kühnen Mut,
den Zorn der freien Rede,
dass er bestände bis aufs Blut,
bis in den Tod die Fehde.

So wollen wir, was Gott gewollt,
mit rechten Treuen halten,
und nimmer im Tyrannensold
die Menschenschädel spalten;
doch wer für Tand und Schande ficht,
den hauen wir zu Scherben,
der soll im deutschen Lande nicht
Mit deutschen Männern erben.

O Deutschland, heil'ges Vaterland!
O deutsche Lieb und Treue!
Du hohes Land! Du schönes Land!
Dir schwören wir aufs neue:
Dem Buben und dem Knecht die Acht!
Der füttre Krähn und Raben!
So ziehn wir aus zur Hermannschlacht
Und wollen Rache haben.

Lasst wehen, was nur wehen kann,
Standarten wehn und Fahnen!
Wir wolln uns heute, Mann für Mann,
zum Heldentode mahnen.
Auf! Fliege, stolzes Siegspanier,
Voran den kühnen Reihen!
Wir siegen oder sterben hier
Den süßen Tod der Freien!

2. Das Gesetz der Straße

„Allzu üppig fließen die Einnahmen nicht", seufzte Robert Blum und fuhr sich mit den Händen durch die üppigen Locken. „Erst hundertachtzig Vorbestellungen für das ‚Staatslexicon für das Volk'", er zeigte auf das Auftragsbuch, das vor ihm auf dem Schreibtisch lag. „Weißt du, Friese, es geht mir dabei nicht ums Geld, obwohl ich daheim fünf Mäuler zu stopfen habe. Es geht mir um die Sache. Unser Lexikon, das gehört in die Hand jedes aufrechten Deutschen, der endlich mit der Herrschaft der Adelsclique Schluss machen will. Aber es kommt mir vor, als ob den meisten Leuten der Staat, der doch ihr Leben bestimmt, vollkommen gleichgültig wäre, als ob es sie überhaupt nicht interessierte, ob ihnen ihre natürlichen Rechte gewährt würden oder nicht!"

Robert Friese, sein Teilhaber im vor wenigen Monaten gegründeten Verlagsbuchhandel, stieg ächzend von der Leiter, die er erklommen hatte, um ein Buch aus einem der hohen Regale zu holen.

„Du bist viel zu ungeduldig, mein lieber Blum", sagte er und unterdrückte mühsam einen Hustenanfall. „Die Leute sind eingeschüchtert …"

„Ach was, eingeschüchtert", unterbrach ihn Blum ungeduldig. „Ich glaube, sie haben sich eher arrangiert!"

Er sprang auf und lief mit steigender Erregung vor seinem Schreibtisch auf und ab.

„Sie haben sich arrangiert, sag ich dir! Sich hübsch fein in ihre Salons zurückgezogen, in ihre Stuben mit Blümchentapeten und idyllischen Landschaften an den Wänden. Schau dir nur hier unsere Leipziger an! Ihre Frauenzimmer spielen Klavier, und sie lesen erbauliche Geschichten über die Tugenden des Hausvaters. Dabei trinken sie Tee und spreizen den kleinen Finger ab. Was draußen passiert, ob draußen die Fürstenwillkür herrscht, ob freiheitliche Denker eingesperrt und Zeitungen zensiert werden, das ist ihnen egal!"

Friese wollte etwas einwenden, aber Blum hatte sich in Rage geredet. Er sprach, als ob er vor einer Volksmenge stünde; seine Augen glänzten und seine Stimme dröhnte: „Umsonst ist das Blut, das unsere jungen Helden in den Befreiungskriegen* vergossen haben, umsonst haben sie ihr Leben im Kampf gegen den korsischen Tyrannen gegeben. Umsonst haben mutige Freidenker in den Kerkern Metternichs* geschmachtet, umsonst haben sie tollkühn gewagt, sich über die Karlsbader* Schanddiktate hinwegzusetzen!"

„He, Blum, komm zu dir!", rief Friese amüsiert. „Du bist in unserem staubigen Büro, nicht auf einem Pariser Marktplatz!" Er brachte den Satz kaum zu Ende, dann schüttelte ihn ein heftiger Hustenanfall.

Blum, der schon zu einem neuen Redeschwall angesetzt hatte, musterte den Freund besorgt. „Du solltest in ein Kurbad fahren, mein Freund! Dieser Husten wird dich noch ins Grab bringen!"

Friese rang mühsam nach Atem, während er sich die Lippen mit seinem Taschentuch abwischte und ausdruckslos die hellroten Flecken darauf betrachtete.

„Was das kostet, mein Lieber! Da musst du schon ein paar mehr Exemplare vom „Staatslexikon" verhökern!"

Blum war mit seinen Gedanken schon wieder woanders. „Nach der Pariser Julirevolution*, da hätte alles anders werden können! Wenn nicht die feigen Spießer …"

Ein lautes Pochen an der Tür unterbrach ihn. „Ja, was ist denn?", rief er ungehalten. Die Tür öffnete sich, und ein Bursche von vielleicht dreizehn, vierzehn Jahren trat ein, dürrer noch als der schlanke Friese, der gewiss kein Gramm zuviel auf den Rippen hatte, bekleidet mit Hose und Jacke aus grobem Stoff, beide so fleckig und zerlumpt, dass man das ursprüngliche Blau kaum noch erkennen konnte. Er war barfuß, den Kopf mit dem filzigen braunen Schopf hielt er gesenkt. In den Händen drehte er eine schmutzige Kappe.

„Was ist?", wiederholte Blum. „Was willst du?"

Der Bursche trat näher an den Schreibtisch heran und hob den Kopf. Blum bemerkte, dass sein Gesicht von entzündeten Pusteln übersät war, aber auch, dass er wache, hellbraune Augen hatte, die mit flinken Blicken das Büro und seine beiden Insassen taxierten.

„Verzeihen, der Herr!", sagte der unerwartete Besucher. „Ich hab 'ne Nachricht von ein' andern Herrn. Heeßt Wuttke, sagt er."

„Wuttke?", sagte Blum hastig. „Gib her!"

Der Junge hielt ihm ein gefaltetes und gesiegeltes Blatt entgegen. Während Blum danach griff und mit der anderen Hand in seiner Westentasche nach einer kleinen Münze suchte, wanderte sein Blick über Blums Schreibtisch und verharrte auf der Taschenuhr, die Blum, seiner Gewohnheit nach, bei Beginn der Arbeit dort abgelegt hatte.

Eine schnelle Bewegung, der Brief segelte jenseits des Tisches zu Boden, Blum bückte sich mit einem empörten Aufschrei danach, eine schmutzige braune Hand glitt über die Tischplatte, Schritte polterten über das Parkett, die Tür schlug zu. Der Besucher war verschwunden, so plötzlich, wie er gekommen war – mit ihm Blums silberne Taschenuhr.

„So ein verfluchter Lümmel!" Blum machte Anstalten, dem Übeltäter nachzurennen, besann sich aber eines Besseren und setzte sich achselzuckend wieder hinter seinen Schreibtisch.

Mit einer Mischung aus Lachen und Husten meinte sein Kompagnon: „Ja, Blum, bleib hier, der ist auf und davon! Ich kann ihm nicht folgen, weil mir die Luft wegbleibt, und du nicht, weil du keine fünf Schritte voraus sehen kannst! Find dich damit ab, die Uhr ist weg!"

„Hast du Töne bei einer solchen Dreistigkeit!" Blum rieb sich die kurzsichtigen Augen. „Weißt du, was mich diese Uhr gekostet hat? Andererseits – das Bürschchen war ja nur Haut und Knochen. Und hast du die Joppe gesehen? Steif vor Dreck! Wer weiß, ob der überhaupt ein Dach über dem Kopf hat!"

Kopfschüttelnd wandte er sich dem Brief zu und brach das Siegel auf. „Wuttke lädt uns zu einer Versammlung des ‚Redeübungsvereins' ein", verkündete er. „Heute Abend noch." Automatisch griff er vor sich auf den Schreibtisch und fluchte leise, als ihm bewusst wurde, dass die Uhr nicht mehr da war. „Verfluchter Lümmel!"

„Wann geht's denn los?", erkundigte sich Friese und sah auf seine eigene Uhr.

„Um sieben." „Und wo?" „Im Weißen Ross".

„Dann können wir eigentlich gleich aufbrechen." Friese lächelte dem Freund zu. „So haben wir noch Zeit für ein Bier und ein Käsebrot. Wenn du nachher eine von deinen Reden hältst, vergisst du ja doch das Essen und das Trinken."

Blum rieb sich den stattlichen Bauch. „Wenn ich weniger redete, wäre ich womöglich noch dicker", sagte er und grinste. „Also, los!"

Sie verließen ihr Büro, traten in die kalte, neblige Dämmerung hinaus und eilten die menschenleere Straße entlang. Nach einer Weile deutete Blum versonnen auf einen Mann, der mit einer Trittleiter in der Hand auf eine der neuen Gaslaternen zueilte, um sie mit einem Fidibus zu entzünden.

„Da hast du es wieder, Friese. In der Technik ist der Fortschritt eingekehrt, in den Straßen haben wir die Dunkelheit bezwungen. Aber in unseren Köpfen ist es dunkel geblieben, und wir sind unmündig wie im finstersten Mittelalter."

Friese wollte etwas erwidern, aber ein Hustenanfall hinderte ihn daran. „Du musst etwas dagegen tun", sagte Blum. „Es ist der verdammte Nebel", keuchte Friese. „Der Nebel und die Kälte. Im Frühling wird's schon wieder besser!"

Sie waren stehen geblieben und warteten, bis Friese wieder halbwegs normal Luft holen konnte.

„Geht's wieder?", fragte Blum schließlich. Sein Freund nickte und packte ihn am Arm. „Hörst du das?"

„Was? Wo denn?" „Da vorne, da, aus dem Hauseingang kommt es!"

Sie lauschten in die abendliche Stille. Das leise Rasseln und Keuchen aus Frieses Brust und – richtig, da war noch etwas, ein deutliches Stöhnen und Wimmern.

Mit einer Behändigkeit, die man ihm bei seiner Fülle gar nicht zugetraut hätte, sprang Blum auf den Hauseingang zu, blinzelte kurzsichtig in das Halbdunkel und bückte sich dann rasch nieder.

„Um Gottes Willen, Friese, komm her!"

Als der Buchhändler, immer noch nach Luft ringend, sich neben Blum hinhockte, schloss er für einen

Moment entsetzt die Augen. Da lag, zusammengekrümmt und mit verdrehten Gliedern, ein Mensch, ein junger Mensch, soweit man das erkennen konnte. Sein Gesicht war von Schlägen so zugerichtet, dass es einer roh geschnitzten Maske glich.

Blum hatte den Kopf des Verletzten auf einem Arm gebettet und tupfte ihm mit seinem Sacktuch das Gesicht ab, während er sanft und beruhigend auf ihn einsprach. Doch der Ärmste wimmerte und schluchzte nur.

„Wir müssen ihn ins Büro schaffen", meinte Blum schließlich.

„Und Wuttke?"

Blum winkte ab. „Erst kommt der Mensch, und dann die Menschenordnung. Heute muss die Demokratie ein bisschen warten."

Friese lächelte in sich hinein. Deshalb schätzte er diesen dicklichen, impulsiven und ungeduldigen Mann so sehr. Er hatte den Kopf voller Ideale und Utopien, aber wenn ein Mensch ihn brauchte, dann vergaß er alle seine hochfliegenden Pläne, seinen Kampf gegen Unfreiheit und Fürstenwillkür – und half.

„Pass auf, wir hieven ihn hoch, und dann hebst du ihn mir auf den Rücken. Und pass auf, dass er mir unterwegs nicht runterrutscht", befahl Blum.

Der Junge stöhnte unaufhörlich, er schien heftige Schmerzen zu haben. Soviel aber begriff er offenbar, dass die beiden Männer ihm helfen wollten, denn er legte

Blum die Hände um den Hals und schlang ihm die Beine um den Leib.

Als sie an einer der Laternen vorbeikamen, stutzte Friese, musterte den Jungen und flüsterte dann Blum etwas ins Ohr. Der brummte nur: „Na, und? Hätte ich den armen Kerl deshalb etwa liegen lassen sollen?"

Der junge Mensch war nicht schwer, und so erreichten sie das Verlagsbüro nach kurzer Zeit. Drinnen ließen sie den Verletzten behutsam auf eine Chaiselongue* gleiten.

„Mein Gott, was haben sie ihn übel zugerichtet!"

Blum hatte ein feuchtes Tuch aus dem Badezimmer geholt und wischte vorsichtig das Gesicht des Jungen sauber. Es zeigte die Spuren brutaler Schläge, die Augen waren verschwollen, in der Unterlippe klaffte ein blutiger Riss.

Als die beiden Männer den Jungen in eine etwas bequemere Lage ziehen wollten, schrie er leise auf.

„Wahrscheinlich sind ein paar Rippen angebrochen", sagte Blum. „Ich hole besser den Doktor."

Als er sich zur Tür wandte, versuchte der Junge die Augen zu öffnen und machte eine kraftlose Bewegung mit der Hand. „Nicht ...", flüsterte er. „bitte nicht ..."

„Der arme Kerl hat Angst vor dem Polizeigericht", brummte Blum. „Keine Angst, Bürschchen. Bei uns bist du sicher vor solchen Institutionen der Reaktion! Ich hole bloß einen Arzt, ich versprech's dir!"

Er eilte davon und kam eine Viertelstunde später mit einem Arzt zurück, der in der Nachbarschaft seine Ordination hatte.

„Es geht ihm schlecht", sagte Friese. „Immer wieder verliert er das Bewusstsein, zwischendurch redet er wirres Zeug oder wimmert vor Schmerzen."

Der Doktor schüttelte den Kopf. „Das kommt dabei heraus, wenn man sich herumtreibt, anstatt anständig zu arbeiten."

„Ja, wer gibt ihm denn Arbeit?", fragte Blum spitz. „Sie vielleicht?"

Der Arzt knurrte nur etwas Unverständliches und bat die Männer, ihm beim Auskleiden des Jungen zu helfen. Als er entblößt vor ihnen lag, stockte ihnen der Atem: Der magere Leib war übersät von Blutergüssen, den Spuren brutaler Tritte und Fausthiebe.

„Mein Gott, das alles wegen einer silbernen Taschenuhr", sagte Blum erschüttert, während der Arzt den Verletzten untersuchte.

Friese hatte inzwischen einige saubere Handtücher herbeigeschafft und einen Topf mit Wasser auf den Ofen gestellt.

Als es heiß war, wuschen sie dem Jungen Blut und Schmutz vom Körper. Die Wärme tat ihm sichtlich gut; er hörte auf zu wimmern und entspannte sich.

Der Doktor kramte in seiner Tasche.

„Ich vermute eine Gehirnerschütterung", erklärte er, „die allerdings gelinde verläuft – oder hat er schon erbrochen?"

Friese verneinte.

„Gut, dann hat der Bursche wohl mehr Glück als Verstand gehabt. Die Blutergüsse kann ich mit einer kühlenden und abschwellenden Arnikasalbe behandeln, gegen die Schmerzen werde ich ihm eine Dosis Laudanum* verabreichen, wenn Sie es wünschen. Dies hier allerdings", er fasste nach der linken Hand des Jungen, was ein lautes Jammern hervorrief, „dies hier ist eher etwas für einen Chirurgen. Ich werde es so gut ich es kann, verbinden. Das Handgelenk ist gebrochen, vermute ich."

Er sah sich suchend um. „Ich bräuchte irgendetwas zum Schienen … Ah, da haben wir ja etwas!"

Er holte von Blums Schreibtisch eine dicke Pappe, wie sie zum Einbinden von Büchern verwendet wird. Nachdem Blum zustimmend genickt hatte, schnitt er mit einem Skalpell zwei Streifen heraus, legte sie auf beide Seiten des Handgelenks und umwickelte sie mit einer Leinenbinde.

„So, fürs erste wird das genügen. Ein Wundarzt könnte das gebrochene Gelenk vielleicht noch besser fixieren – falls Sie in den Burschen noch so viel investieren wollen."

„Aber ich bitte Sie!", rief Blum empört. „Er ist ein Mensch wie Sie und ich!"

„Ein verkommener Herumtreiber, wenn Sie mich fragen." Der Doktor schloss seine Tasche und erhob sich. „Wahrscheinlich auch noch ein Dieb, wenn nichts Ärgeres."

„Wie können Sie so etwas behaupten!"

Blum geriet in Hitze und vergaß vorübergehend, dass der junge Mensch da auf der Chaiselongue ihm vor noch nicht einmal einer Stunde seine silberne Uhr gestohlen hatte.

„Und wenn es so wäre – sind es nicht die Umstände, die ihn dahin gebracht haben? Ist es nicht die verheerende Wirtschaftspolitik unserer hochgeborenen Fürsten, die verhindert, dass diese armen Menschen in Arbeit und Brot gelangen? Haben nicht die Gutsherren vielen Bauern ihr bisschen Land genommen, so dass sie aus blanker Not in die Städte geflohen sind?"

„Ich bin Arzt, nicht Politiker", sagte der Doktor mit abweisender Miene. „Hier ist übrigens das Laudanum. Geben Sie es ihm bei Bedarf in etwas Wein."

Blum wollte heftig erwidern, aber ein warnender Blick Frieses ließ ihn schweigen.

Also zog er wortlos seine Börse, bezahlte den Arzt und brachte ihn zur Tür.

„Verdammt, Friese, diesen Menschenschlag habe ich gefressen!", sagte er aufgebracht. „Weißt du, wie es bei ihm aussieht? Kein Stäubchen findest du in seiner Wohnung, die Wände sind mit Blümchentapeten bedeckt, und es hängen Bilder dort mit blühenden Landschaften und lauter netten kleinen Mädchen darauf. Seine Frau und seine Töchter spielen abends Beethoven auf dem Klavier, und er liest der Familie aus Goethes „Wilhelm Meister" vor. Wie überaus entzückend!"

Friese musste lachen. „Mein Gott, Blum, was bist du für ein boshafter Mensch!"

„Ist doch wahr!", empörte sich der andere. „Sie ziehen sich zurück in ihr heimeliges Stübchen, diese Hasenfüße, und meinen, wenn sie nur die Fenster fest zumachen, dann bleibt das Leben hübsch draußen, mit Elend und Ungerechtigkeit, mit Fürstenwillkür und Unterdrückung. Feiglinge sind sie, nichts anderes!"

„Sei nicht so hart in deinem Urteil", begütigte Friese. „Du kannst doch von einem, der Frau und Kinder zu ernähren hat, nicht verlangen, dass er Stellung und womöglich Freiheit riskiert!" Er winkte ab, als ob er erriete, was der andere sagen wollte. „Mit uns ist das etwas anderes. Du bist ein Verrückter, und ich – ich brauche keine irdische Gewalt mehr zu fürchten."

Wie um seinen Worten Nachdruck zu verleihen, begann er erneut heftig zu husten, wieder war sein Schnupftuch blutig, als er sich die Lippen gewischt hatte.

Blum betrachtete ihn traurig. Er wusste, dass die Tage seines Freundes gezählt waren, und dass ihm keine Kur und kein Arzt mehr helfen konnte.

Ein lautes Scharren von der Chaiselongue lenkte ihn ab. Der Verletzte hatte sich aufgesetzt und hatte wohl aufstehen und sich still und leise davon machen wollen, aber ein Schwindelanfall hatte ihn daran gehindert.

„He, Junge, denk nicht einmal daran!", rief Blum. „Du kannst nicht weglaufen! Außerdem gibt es keinen Grund dazu. Bei uns bist du sicher, hier ist es warm, und zu essen und zu trinken wird sich auch noch etwas finden."

Der Junge sah ihn aus seinen verschwollenen Augen an. „Ja, aber …" Plötzlich kullerten ihm die Tränen über die Wangen, und der Schmerz und der Schock lösten sich in einem wohltuenden Weinen.

Die beiden Männer nahmen ihm gegenüber auf zwei Sesseln Platz. „Was ist eigentlich passiert?", fragte ihn Friese, als er sich beruhigt hatte.

„Eine … eine Bande hat mich angehalten. Sie wollten ein paar Kreuzer für Schnaps und Tabak, aber ich hab gesagt, dass ich nichts hab, und da haben sie mich gefilzt, und da haben sie die Uhr …"

Ihm fiel wohl wieder ein, dass ihm der Mann gegenübersaß, dem er die besagte Uhr zuvor gestohlen hatte, und er schlug die Fäuste vors Gesicht und schwieg.

Es brauchte eine ganze Weile und einige Gläser von Blums süßem Portwein, bis der Junge stockend und stöhnend seine Geschichte erzählt hatte. Eine Geschichte wie tausend Geschichten, traurig, aber alltäglich.

Seine Eltern waren Tagelöhner ohne eigenen Grund und Boden; Leute wie sie gab es unzählige, die verzweifelt versuchten, sich und ihre Familien durchzubringen, indem sie sich bei den Bauern verdingten. Doch außerhalb der Saat- und Erntezeiten war nicht einmal das bisschen zu verdienen, was sie zum Leben brauchten. In ihrer Verzweiflung waren sie nach Leipzig gekommen. Doch die Hoffnung, dass man hier ihre Arbeitskraft dringender benötigte und besser bezahlte, hatte sie wie alle anderen getrogen. Nur wenige Industriebetriebe gab es, und umso mehr hungrige Menschen, die sich morgens vor den Toren drängten, um ein bisschen Geld zu verdienen. So war das Elend in der Stadt womöglich noch größer als auf dem Land, und in den erbärmlichen Unterkünften, in denen diese Ärmsten der Armen hausten, hatte noch nicht einmal jeder einen Schlafplatz für sich.

Die Kinder der Tagelöhner waren sich selbst überlassen. Wenn sie nicht an der Schwindsucht zu Grunde gingen, verwahrlosten sie. Sie trieben sich herum, halfen hier und dort für ein paar Kreuzer aus und lebten mehr auf der Straße als in den Löchern, die ihre Eltern gemietet hatten. Und viele gerieten auf die schiefe Bahn …

Einer dieser Erbarmungswürdigen war auch der Junge, der da vor Blum und Friese hockte, ein Häufchen Unglück, schwer misshandelt von Seinesgleichen. Er hörte ausgerechnet auf den Namen Friedrich Wilhelm, und Blum, der einen skurrilen Humor besaß, erklärte später, dass er sich nur deshalb des Jungen angenommen habe, weil er sich seinen eigenen preußischen König habe zulegen wollen, um ihm jederzeit eine Rede halten zu können.

Jetzt saß er da, der Bursche, der so hieß wie der preußische König, einen Ausdruck vorsichtiger Hoffnung im zerschlagenen Gesicht, weil die Männer, die er bestohlen hatte, ihn gar so freundlich behandelten.

„Da hast du die Zukunft unserer Städte", seufzte Blum, als der Junge geendet hatte, „immer mehr Bettelarme, immer mehr Kinder ohne Hoffnung auf Besserung ihrer Lebensumstände, immer mehr Elend, wenn wir nicht radikal umdenken und auch diesen Menschen eine Perspektive geben."

„Nun siehst du aber zu schwarz, Blum. Warte nur, bis das Bürgertum endlich frei produzieren, wirtschaften und handeln kann, wenn die Zollschranken und die Privilegien des Adels fallen – dann wird es für alle aufwärts gehen!"

Er legte eine nachdenkliche Pause ein, während der er den Jungen musterte. „Aber was machen wir jetzt mit ihm?"

Er rieb mit fragendem Gesichtsausdruck Daumen und Zeigefinger gegeneinander und wies dann mit dem Kopf zur Tür.

Blum hatte verstanden. „Mit ein bisschen Geld wieder auf die Straße schicken? Das meinst du nicht im Ernst!"

„Aber was sonst?"

Blum dachte eine Weile nach, dann hellte sich seine Miene auf. „Wir behalten ihn bei uns, schicken ihn auf eine Schule oder unterrichten ihn selbst. Dafür kann er für uns Botendienste erledigen und uns in allen möglichen Dingen behilflich sein."

„Und wo soll er schlafen? Bei dir zu Hause etwa? Oder bei mir, wo kaum Platz für einen ist?"

Wieder überlegte Blum. „Bei mir zu Hause, das geht nicht. Meine Frau würde sich bedanken, wenn sie ein fünftes Balg erziehen dürfte … Aber hier, im Büro, da hinten ist doch die Aktenkammer. Wenn wir da ein Bett hineinstellen? Kein Luxus, aber immerhin ein Dach über dem Kopf."

„Aber wird er uns hier nicht die Haare vom Kopf stehlen?"

„Wir müssen ihm vertrauen", sagte Blum feierlich. „He, Friedrich Wilhelm, willst du hier bleiben? Können wir dir vertrauen?"

Aber Friedrich Wilhelm antwortete nicht. Das Laudanum tat seine Wirkung, er schlief tief und fest. Und sein verschwollenes Gesicht trug einen Ausdruck, als ob er kein Wässerchen trüben könnte.

Unterdrückung der fortschrittlichen Kräfte

Die Fürsten hatten sich 1815 auf dem Wiener Kongress durchgesetzt: Deutschland blieb ein *loser Bund aus* lauter *Einzelstaa-
ten*. Keine Einheit, keine Freiheit trotz des aufopferungsvollen
Kampfs gegen Napoleon, den „korsischen Tyrannen"!

Die Enttäuschung darüber war groß, und so entstand eine *Protestbewegung*, die sich mit den mageren Ergebnissen
des Wiener Kongresses nicht abfinden wollte. An ihrer Spitze:
Studenten, Professoren und andere gebildete Bürger, unter
ihnen auch viele Kaufleute. Sie wollten, dass die Deutschen
endlich in einem geeinten Vaterland zusammenleben durften, und erhofften sich davon wirtschaftliches Wachstum sowie politische *Mitspracherechte*.

Die vielen Kleinstaaten nämlich, mit eigenem Geld, eigenen *Zollschranken* und eigenen Gesetzen, behinderten zum
einen den Handel enorm. Zum anderen waren die *Bürger* unter der Herrschaft der Fürsten recht- und machtlos: aus gab
kein allgemeines Wahlrecht, die Menschen konnten die politischen Geschicke nicht mitbestimmen. Alle Deutschen waren
Untertanen, existierten also nur, um den Fürsten zu dienen.

Für die nationale Einigung Deutschlands und die Abschaffung der Zollschranken plädierten alle Vertreter der Bewegung. Was die politischen Rechte betraf, gab es unterschiedliche Ansichten. Die *gemäßigten Kräfte* wollten einen
König oder Kaiser an der Spitze, der aber mit einem gewählten Parlament zusammenarbeiten und den Bürgern ihre
Grundrechte garantieren sollte. Die *Radikalen* wollten die

Fürstenherrschaft völlig abschaffen, allen Menschen gleiche Rechte zuerkennen und die politische Macht nur einem gewählten Parlament mit einer *gewählten Regierung* übertragen – etwas, das erst 1949 in der Bundesrepublik Deutschland verwirklicht wurde.

An der Spitze der fortschrittlichen Einheits- und Freiheitsbewegung standen die *Burschenschaften*, das waren Zusammenschlüsse von Studenten. Zur Erinnerung an eine Truppe, die besonders tapfer gegen Napoleon gekämpft hatte, wählten sie als ihr Erkennungszeichen eine Fahne mit den Farben *schwarz, rot und gold*. Anlässlich eines Festes auf der *Wartburg 1817* legten über 500 von ihnen ein feierliches Bekenntnis zur deutschen Einheit ab.

Die Fürsten betrachteten diese Bestrebungen mit Sorge. Sollte das etwa eine Massenbewegung werden, bei der womöglich auch die eigenen Soldaten zum Volk überliefen? War ihre Herrschaft in Gefahr? Besonders der Kanzler des österreichischen Kaisers, Fürst *Metternich*, hatte derartige Befürchtungen und wartete nur auf eine Gelegenheit zum Zurückschlagen.

Sie kam, als ein psychisch kranker Student einen Beamten des russischen Zaren ermordete. Das ist der Beginn eines allgemeinen Aufruhrs, einer neuen Französischen Revolution, behauptete Metternich und setzte bei den anderen Fürsten scharfe Unterdrückungsmaßnahmen durch, die *„Karlsbader Beschlüsse"* (1819): Die Burschenschaften wurden verboten, die Universitäten schärfstens kontrolliert, alle Zeitungen zensiert, tausende von Spitzeln auf die Bürger angesetzt.

Studenten aus fast allen Teilen des Deutschen Bundes versammelten sich im Oktober 1817 auf der Wartburg bei Eisenach, um für Freiheit und Einheit zu protestieren.

Die Maßnahmen hatten lange Erfolg: Viele Bürger resignierten, zogen sich ins Privatleben zurück und kümmerten sich nicht mehr um Politik („*Biedermeierzeit*"*). Nur in einigen süddeutschen Fürstentümern gab es noch Bemühungen, wenigstens ein paar politische Freiheiten zu erreichen. In den beiden mächtigsten Staaten, Preußen und Österreich, war die Unterdrückung am schlimmsten. Die Fürsten hatten triumphiert, die Deutschen blieben Untertanen. Die *„alte Ordnung"* der Zeit vor der Französischen Revolution war wiederhergestellt („Restauration").

Erst, als in Frankreich im Juli 1830 der König nach blutigen Straßenkämpfen gestürzt wurde und auch in Polen, Italien und den Niederlanden Unruhen ausbrachen, fassten die deutschen Kämpfer für Freiheit und Einheit wieder Mut. Als

die Journalisten Johann Georg Wirth und Philipp Jakob Siebenpfeiffer im Mai 1832 zu einem *„Nationalfest" auf Schloss
Hambach* in der Pfalz einluden, kamen 30 000 Menschen aus
allen Schichten, und alle trugen schwarz-rot-goldene Abzei-
chen. Ihr Ziel: die „deutsche Nationaleinheit unter einer de-
mokratischen Verfassung".

Freiheit (gekürzt)
von Max von Schenkendorf, 1815

Freiheit, die ich meine,
die mein Herz erfüllt,
komm mit deinem Scheine,
süßes Engelsbild!

Magst du nie dich zeigen
der bedrängten Welt?
Führest deinen Reigen
Nur am Himmelszelt?

Wo sich Gottes Flamme
in ein Herz gesenkt,
das am alten Stamme
treu und liebend hängt,

Wo sich Männer finden,
die für Ehr und Recht
mutig sich verbinden,
weilt ein frei Geschlecht.

Wollest auf uns lenken
Gottes Lieb und Lust,
wollest gern dich senken
in die deutsche Brust.

Freiheit, holdes Wesen,
gläubig, kühn und zart,
hast ja lang erlesen
Dir die deutsche Art!

3. Im „Weißen Ross"

Als die beiden Männer ihrem Schützling Wasser und Gebäck hingestellt und vorsichtshalber alles, was einigen Wert besaß, eingeschlossen hatten, machten sie sich mit einiger Verspätung zu ihrem Treffpunkt auf.

Draußen waberte immer noch der Nebel; es war so kalt und windig, dass Friese und Blum unter ihren dicht gewebten Umhängen fröstelten. Sie hatten an ihren Knotenstöcken kleine Laternen befestigt, und das war gut so, denn kaum eine von den Gaslampen hatte dem Wind und der Nässe widerstanden.

So schnell es die winzigen Lichtkegel erlaubten, eilten sie durch die dunklen Gassen, weniger, um die Verspätung nicht noch größer werden zu lassen, als um der feuchten Kälte zu entrinnen. Doch sie mussten bald eine Pause einlegen, weil Friese nicht mehr weiter konnte, sondern mit rasselndem Atem und nach Luft ringend stehen blieb und von minutenlangem Krampfhusten gepeinigt wurde.

Wann immer wir unser Ziel auch erreichen, dachte Blum bekümmert, Friese würde es nicht erleben. Dieser Mann war ein wirklicher Held, der, den Tod vor Augen, doch immer noch für die gemeinsame Sache kämpfte!

Als Frieses Atem sich halbwegs wieder beruhigt hatte und sie mit vermindertem Tempo weiterliefen, lauschte Blum in die Dunkelheit. Er packte den Freund am Arm. „Warte!"

Sie blieben abrupt stehen und hörten deutlich das Klacken eisenbeschlagener Stiefel hinter sich – ein-, zweimal, dann stoppte es plötzlich.

Leise nahmen die Freunde ihren Weg wieder auf, und gleich darauf war auch das Geräusch wieder zu vernehmen.

„Man verfolgt uns", murmelte Friese besorgt, aber Blum lachte nur.

„Na, und? Was ist daran Verwerfliches, wenn zwei ehrbare Bürger zu einer Versammlung gehen, um die Kunst der freien Rede zu üben?" Er rief laut in die Nacht hinein: „Kommen Sie nur mit, meine Herren Spitzel, bei uns gibt es wichtige Dinge zu erlauschen, ganz ohne dass Sie jemanden erst zum Singen bringen müssen!"

„Blum!" Friese zog den Freund mit sich. „Irgendwann wirst du dich um Kopf und Kragen reden, und mich mit."

„Ach, was! Von derlei Pack darf man sich nicht mehr einschüchtern lassen als von einer Schmeißfliege an der Wand."

„Schmeißfliegen können einen aber nicht bei der Obrigkeit denunzieren!", wandte Friese ein, aber Blum wollte nichts davon hören. „Ob du dir Sorgen machst oder nicht, sie schleichen uns doch hinterher!" Da musste Friese ihm Recht geben.

Gleich darauf standen sie vor dem Weißen Ross, einem stattlichen, mehrstöckigen Gasthof, über dessen Eingangstür ein mächtiger geschnitzter Rosskopf die Nüstern blähte.

Als sie die Gaststube betreten hatten, wies der Wirt nach kurzem Gruß auf eine Doppeltür an der Seite.

Blum trat auf ihn zu und flüsterte ihm hastig einige Sätze zu. Der Wirt nickte grinsend, worauf die beiden eilig hinter der bezeichneten Tür verschwanden.

Kaum waren sie weg, stürmten zwei Gestalten in die Wirtsstube, in lange schwarze Umhänge gehüllt, die Krägen hochgeschlagen, die Hüte tief ins Gesicht gezogen.

„Guten Abend, die Herren", grüßte der Wirt freundlich. „Was ist gefällig? Möchten Sie ..."

„Nichts", unterbrach ihn der eine barsch. „Nur eine Auskunft. Da sind gerade zwei Männer reingekommen, ein Dicker mit Backenbart und einer, der dauernd hustet ..."

„Freunde von uns", ergänzte der andere, als er bemerkte, dass der Wirt unwillig die Stirn runzelte. „Wir haben uns hier mit ihnen auf ein Bier verabredet."

„Verabredet?", echote der Wirt verwundert. „Verabredet, sagen Sie? Dann versteh ich nicht, warum sie es so verdammt eilig hatten!"

Er deutete auf eine Tür am anderen Ende des Schankraums. „Da, zum Hinterausgang sind sie raus, als ob der Teufel hinter ihnen her wäre ... He, meine Herren, so warten Sie doch!"

Die Verfolger hatten sich bereits fluchend in Bewegung gesetzt. Jetzt drehte sich einer um und kam zurück.

„Was ist denn noch?", fragte er misstrauisch.

Der Wirt setzte eine verschlagene Miene auf. „Wenn es 'ne wirklich dringende Verabredung ist, könnte ich Ihnen vielleicht weiterhelfen ... Der Dicke mit dem Bart hat was vor sich hin gemurmelt."

„Ja, was? Los, raus damit!"

Der Wirt rieb wie zufällig die Finger einer Hand gegen den Daumen. „Grad wusst ich's noch, warten Sie, ich komm nicht drauf ..."

Der Mann knurrte wütend, fischte ein paar Münzen aus der Tasche und knallte sie auf den Tresen. „Also?"

„Irgendwas von einer Versammlung ..."

„Wo, verdammt?"

„Ich glaube, in Wieserbachs Keller."

„Glaubst du?", blaffte der Mann und legte eine große Hand über die Münzen auf dem Tresen. „Glaubst du?"

„Nein, mein Herr, nein, ich bin ganz sicher."

„Wieserbachs Keller!", rief der Mann seinem Kollegen zu. „Na, das passt ja. Los, hinterher!"

„Verdammter Mist, weißt du, wie weit das ist?"

„Na, und, was hilft's? Willst du dir den ganzen Tag für nichts die Hacken abgelaufen haben?"

Die Männer rumpelten durch die Hintertür hinaus in die Nacht.

Mit zufriedenem Lächeln schloss der Wirt die Tür hinter ihnen und verriegelte sie sorgfältig. Für gewöhnlich liebte er es nämlich nicht, dass sich Gäste durch die Hintertür davonmachten – womöglich, ohne die Zeche zu bezahlen.

In Wieserbachs Keller, einer bekannten Weinkneipe, fanden häufig Versammlungen von Rede- und Vaterlandsvereinen statt – heute freilich nicht, jedenfalls soviel er wusste. Die Kneipe lag am Stadtrand, eine halbe Wegstunde zu Fuß von hier. Und eine Droschke war bei dem miesen Wetter auch nicht so einfach zu bekommen. Für heute würden die beiden Herren ihren Arbeitstag wohl „für nichts" abschließen müssen.

Hinter der Doppeltür befand sich ein Gang, der in einen großen Saal mündete. Hochzeiten und andere Feste wurden dort für gewöhnlich gefeiert, wandernde Theatertruppen boten ihre zweifelhafte Kunst einem gemischten Publikum dar, ein Männergesangsverein hielt seine Proben und Konzerte ab.

Heute war der Saal voller Männer, die in Gruppen an unterschiedlichen großen Tafeln zusammenhockten. Von der Bühne herab hingen zwei riesige schwarz-rotgoldene Fahnen, ein Pult wurde gesäumt von zwei Lorbeerbäumen.

Doch im Augenblick hielt dort niemand eine flammende Rede oder gab mit vor Pathos vibrierender Stimme das neueste vaterländische Gedicht aus seiner Feder zum Besten. Es herrschte gedämpftes Stimmengewirr; alle diskutierten eifrig und saugten an ihren langen Tonpfeifen. Dicker Tabaksqualm hing wie draußen der Februarnebel in der Luft, und der arme Friese spürte sofort heftigen Hustenreiz.

Blum spähte durch den Raum, bis er seinen Freund Wuttke ausgemacht hatte. Während er sich mit Friese durch die Reihen drängte, wurde er überall mit Jubel, lautem Hallo und Schulterklopfen begrüßt; Hände streckten sich ihm entgegen, Bierkrüge wurden ihm dargeboten.

Jeder kannte den dicken Blum, der vor nichts und niemandem Angst zu haben schien und immer offen für seine Überzeugungen eintrat, der sich für Freiheit und Wohlstand aller Bürger stark machte und schon zweimal im Gefängnis gesessen war, weil er es gewagt hatte, sich gegen die Willkürurteile der Königlich-Sächsischen Justizbehörde aufzulehnen.

Blum nahm die Zeichen der Zuneigung entgegen, ohne Verlegenheit, aber auch ohne Selbstgefälligkeit. Er wusste wohl, dass er sie seiner Courage, seinem Tatendrang und seiner Fähigkeit zur mitreißenden Rede zu verdanken hatte, aber dies kam ihm nicht als besonderes Verdienst vor, denn er handelte, wie sein Temperament und sein Charakter, der keine Ungerechtigkeit vertrug, ihm befahlen und, wenn man Friese glauben durfte, oft genug ohne Verstand und Weitblick.

Also grüßte er lächelnd nach allen Seiten, schüttelte unzählige Hände und gelangte schließlich mit dem schweratmenden Friese im Schlepp zu dem Tisch, an dem Wuttke Plätze für sie freigehalten hatte.

Heinrich Wuttke, dem Blum seit Jahren nicht nur durch den gemeinsamen Kampf für mehr Bürgerrechte freundschaftlich verbunden war, erhob sich, als die Männer herangekommen waren, und begrüßte sie.

Er war ein zurückhaltender, ausgeglichener Mann, dessen Bedächtigkeit sich mit Blums überschäumendem Temperament bestens ergänzte.

„Wir haben schon gar nicht mehr mit euch gerechnet", sagte er und fügte mit leiser Sorge zu Friese gewandt hinzu: „Geht es dir schlechter?"

„Nein, nein", beruhigte ihn der, „nicht besser und nicht schlechter als sonst auch. Aber wir hatten ein Erlebnis ... lass es dir von Blum erzählen!"

Nachdem sie Platz genommen und sich Bier bestellt hatten, berichtete Blum kurz, was sich ereignet hatte.

„Mmh", meinte Wuttke nachdenklich, als er geendet hatte, „könnte es sein, dass die ganze Sache getürkt ist? Dass man euch einen Spitzel direkt in euer Kontor gesetzt hat?"

„Wenn der Junge, ein halbes Kind noch, so abgefeimt wäre, dass er sich einem solchen Plan fügte, sich brutal zusammenschlagen zu lassen, nur um in mein Haus zu gelangen, dann würde ich den Glauben an die Menschheit verlieren."

„Er ist nicht gefährdet, dein Glaube an die Menschheit", meinte Friese lächelnd. „Jedenfalls nicht, wenn du den Gesetzen der Logik folgst. Niemand konnte sicher sein, dass wir den verletzten Jungen auch wirklich finden, und schon gar nicht konnte jemand ahnen, dass wir ihn zu uns nehmen würden. Es sei denn", er warf einen liebevollen Blick auf seinen Freund, „jemand würde dich so gut kennen wie ich. Dieser Junge ist nur einer von vielen Unglücklichen, die durch eine engstirnige Wirtschaftspolitik, durch Zollschranken und das Beharren auf mittelalterlichen Verhältnissen um ihre Zukunft gebracht werden und deshalb elend auf der Straße enden."

„Da hast du recht", nickte Wuttke. „Und deshalb muss die Wirtschaftspolitik endlich in die Hand tüchtiger, fleißiger und gebildeter Bürger gelegt werden. Was verstehen unsere adeligen Herrscher schon von Handel und Wirtschaft? Saufen und fressen, sich fortpflanzen und unsere Steuergelder verprassen, das ist das einzige, worin diese Herren wirklich kompetent sind!"

„Na, Wuttke, das ist aber nicht ganz gerecht, was du da sagst." Wie üblich war es Friese, der eine gemäßigte Position vertrat. „Vergiss nicht den preußischen König oder, wenn dir ein Beispiel aus der Geschichte lieber ist, Monsieur Colberts Wirtschaftsreformen…"

„Friedrich Wilhelm? Ja, zugestanden – aber eine Ausnahme. Was bleibt einem schon übrig, der über nichts gebietet als einen Haufen Sand und einen noch größeren Haufen Schulden? Und Monsieur Colbert? Gut, dass du ihn genannt hast. Der war nämlich gerade ein Bürgerlicher! Aber dürfen wir uns darauf verlassen, meine Herren, dass einer unserer hochwohllöblichen Herrscher sich irgendwann auf die Fähigkeiten des Bürgertums besinnt? Nein, nein, wir brauchen in allen Ländern die Verfassung, die den Bürgern, die mit ihren Steuern, mit ihrem Gewerbefleiß und ihrem Wissen den Staat am Leben erhalten, eine Mitsprache bei allen politischen Entscheidungen einräumt."

„Gut gebrüllt, Löwe!" Blum klatschte in die Hände. „Aber hast du nicht eins verg ..."

Er wurde unterbrochen. An einem der großen Tische unweit der Bühne war es lauter und lauter geworden, jedoch nicht etwa, weil dort aus einem Disput ein Streit geworden wäre. Nein, man war sich offenbar herzlich einig, Schulterklopfen, Händeschütteln und Umarmungen zeugten davon und auch wohl davon, dass dem süffigen Bier des Rosswirts bereits reichlich zugesprochen worden war.

Vielmehr war es der allgemeine Überschwang, der die Lautstärke hatte steigen lassen, die vaterländische Begeisterung.

In dem Augenblick, als Blum zu seiner Gegenrede angesetzt hatte, war einer, ein junger Mann mit schwarz-rot-goldenem Halstuch, auf den Tisch gesprungen und brüllte nun lauthals:

„Freunde! Freunde der Freiheit und des Vaterlandes!"

Tosender Jubel brach los, und der junge Mann hatte die Aufmerksamkeit aller.

„Wieder bedroht uns unser größter Feind, der Franzose! Noch immer lebt in ihm der Geist des korsischen

Tyrannen, noch immer streckt er die beutegierigen Finger frech nach unserem Vaterlande aus. Und wonach trachtet seine Gier? Worauf richtet er sein Verlangen? Ich will es euch sagen: auf unseren Rhein, auf unseren deutschen Rhein!"

Lautes, wütendes Protestgeschrei füllte den Raum, bis der junge Mann die Hand hob und fortfuhr: „Solange eines deutschen Mannes Hand noch ein Schwert führen kann, soll der Rhein der deutsche Rhein bleiben!"

Aus dem Protestgeschrei wurden wieder Jubelrufe.

„Auch ich will, wie ihr alle, mit meinem Leben für die Freiheit des deutschen Rheins und unseres ganzen deutschen Vaterlandes einstehen!", brüllte der junge Mann. „Und im Kampf will ich das Gedicht, das ich geschrieben habe, auf den Lippen tragen, und wie eine Fahne soll es vor mir herschweben!"

Bei dem Wort „Gedicht" war Friese zusammengezuckt, aber Blum lachte: „Hör ihm nur zu, dem jungen Heißsporn! Wer es fertig bringt, für ein Vaterland zu sterben, das es noch gar nicht gibt, und ein Lied zu schreiben, das ihm wie eine Fahne voranflattert, verdient es wohl, dass man ihm zuhört!"

Frieses heftige Abneigung gegen vaterländische Laiengedichte hätte ohnehin nichts bewirkt, denn die Menge klatschte bereits heftig Beifall.

So begann der junge Mann und deklamierte lauthals: „Sie sollen ihn nicht haben, den freien deutschen Rhein! ..."

Als er nach einer endlosen Reihe von Strophen schloss mit „So lang ein Lied noch lebet / in eines Sängers Mund", da grölten die ersten schon den Refrain in den Saal: „Sie sollen ihn nicht haben …"

„Brav, brav!", applaudierte Blum. „Im Kriegsfall hätte er gute Chancen, allein mit seiner Deklamation die Franzosen vernichtend zu schlagen!"

Ernster fuhr er fort: „Ich sehe bei aller Freude über diese Begeisterung eine große Gefahr am Horizont heraufziehen: Die Gefahr, dass wir Frankreich als unseren natürlichen Todfeind betrachten. Dieser Hass könnte sich eines Tages in einem fürchterlichen Krieg entladen …"

„Ganz recht", meinte Friese. „Dabei haben Franzosen und Deutsche doch gemeinsame Wurzeln. Und ist nicht Frankreich immer Vorreiter, ja, Vorbild gewesen, wenn es um die Einführung von Bürgerrechten ging?"

„Ja, aber die Leute haben nur den Unterdrücker und Kriegstreiber Napoleon im Kopf."

„Das mag schon sein", mischte sich Wuttke ein. „Trotzdem glaube ich, deine Sorgen sind etwas übertrieben, lieber Blum. Im Moment ist die Kriegsgefahr doch wohl äußerst gering."

„Im Moment ja. Aber eines Tages, wenn einer großen französischen Nation eine große deutsche Nation gegenübersteht …"

„Ach komm, Blum, sieh doch nicht gar so schwarz! Sag mir lieber, was du mir vorhin auf meine Forderung nach mehr Bürgerrechten entgegenhalten wolltest!"

„Nichts, Wuttke, nichts, im Gegenteil! Nur frage ich mich, ob wir die Rechte zur politischen Mitbestimmung, die du einforderst, wirklich auf die beschränken dürfen, die eine bestimmte Summe an Steuern zahlen, also auf die wohlhabenden Bürger. Haben nicht auch die Arbeiter, die Bauern, die Knechte und Tagelöhner Anspruch darauf, mitbestimmen zu dürfen? Sind sie nicht alle wie wir gleichberechtigte Bürger, die ihre Arbeitskraft in den Dienst der Allgemeinheit stellen?"

Nicht nur die Männer an Blums Tisch, auch alle an den Nachbartischen, die seine Äußerung gehört hatten, protestierten energisch.

„Das meinen Sie nicht im Ernst, Blum!"

„Soll das arbeitsscheue Straßenpack über unsere Zukunft entscheiden?"

„Da können Sie ja gleich die Mitbestimmung für Frauen fordern!"

Sogar der zurückhaltende Friese schüttelte in stummer Ablehnung den Kopf.

Doch als Blum, ungestüm wie es seine Art war, seine Forderung verteidigen wollte, wurde er abermals unterbrochen.

Die Tür sprang auf, ein Mann stürzte herein, der eine Abendzeitung in der Hand hielt. Er rannte zum Podium, flankte hinauf und schwenkte das Blatt heftig hin und her, bis er die Aufmerksamkeit aller hatte.

„Revolution in Frankreich!", rief er atemlos. „Hier, die ersten Nachrichten! In Paris haben sich die Massen erhoben! Der König ist gestürzt! Die Republik ist ausgerufen!"

Mit einer Geschwindigkeit, die man ihm bei seiner Fülle gar nicht zugetraut hatte, eilte Blum zur Bühne und überflog den Leitartikel der Gazette.

Nachdenklich kam er zurück. „Der König gestürzt! Der König, der mit Unterstützung des steuerzahlenden Bürgertums an die Macht gekommen ist! Seht ihr? Die Volksmassen lassen sich um ihre Rechte nicht betrügen! Hast du nicht vorhin gesagt, die Franzosen seien unser Vorbild, was die Bürgerrechte betrifft? Wer weiß, vielleicht ergreifen diesmal endlich auch die trägen Deutschen die Gelegenheit beim Schopf!"

Die Männer diskutierten noch stundenlang, und es war sehr spät, als Friese und Blum den Heimweg antraten.

In der Nähe seiner Wohnung bemerkte Blum zwei Männer in dunkeln Umhängen, mit hochgeschlagenen Krägen und tief in die Stirn gezogenen Hüten. Er lüftete höflich den Zylinder. „Für heute haben Sie keinerlei Aktivität mehr von mir zu befürchten", sagte er freundlich. „Ich gedenke von jetzt ab mindestens sieben Stunden friedlich in meinem Bett zu verbringen."

Damit verschwand er hinter seiner Haustür.

Des einen Brot – des anderen Not:
Die wirtschaftliche Entwicklung nach 1815

Die Kriege gegen Napoleon hatten gewaltige Kosten verursacht, und viele Staaten des Deutschen Bundes waren ziemlich pleite.

In *Preußen* widersetzte sich der König zwar allen politischen Reformen, aber um die Staatskasse wieder zu füllen, wurde er in der Erneuerung der Wirtschaft zum Vorreiter. So gab es bald enorme soziale und ökonomische Fortschritte. In den Städten wurden die *Zünfte* abgeschafft: Jeder Handwerker durfte sein Gewerbe frei ausüben, niemand wurde daran gehindert, sich in der Stadt niederzulassen. Die Juden durften wie andere Bürger jedes Gewerbe ausüben und dadurch zum wirtschaftlichen Aufschwung beitragen. Auf dem Land wurden die *Bauern* aus der Abhängigkeit von den Gutsherren *befreit*. Sie durften das Land, das sie bisher als Leihgabe bewirtschafteten, gegen eine Einmalzahlung erwerben und mussten ihren ehemaligen Herren keine Abgaben und keine Dienste mehr leisten. Außerdem wurden sie freizügig, konnten also ihr Dorf verlassen, um sich woanders (z.B. in einer Stadt) anzusiedeln. Schließlich wurden alle Ehebeschränkungen (z.B. das Heiratsverbot für Knechte und Mägde) aufgehoben.

In den süddeutschen Staaten und in Österreich gab es solche Reformen zunächst nicht. Deshalb blieben sie in ihrer wirtschaftlichen Entwicklung weit hinter Preußen zurück. Denn dort nahm die Zahl der Gewerbetreibenden zu und die Produktion stieg.

Allerdings hatten die sozialen und wirtschaftlichen Neuerungen von Anfang an auch große Nachteile. Durch die allgemeine *Freizügigkeit* und die Aufhebung der Ehebeschränkungen *wuchs die Bevölkerung* stark an: Einem riesigen Angebot an Arbeitskräften standen zunächst viel zu wenige Arbeitsplätze in Landwirtschaft, Gewerbe und Industrie gegenüber. Das Überangebot führte dazu, dass erbärmliche Löhne gezahlt wurden. So gab es Massenarbeitslosigkeit und Massenarmut, das Problem des *„Pauperismus"** entstand.

Wie entsetzlich schlecht es vielen Menschen ging, zeigten zum Beispiel die blutig niedergeschlagenen Weberun-

Bittere Karikatur aus den „Fliegenden Blättern" zum Weberaufstand von 1844

ruhen in Schlesien 1844 oder die oberschlesische Hungers-
not von 1847, die über 15 000 Opfer forderte.

Die wirtschaftliche Not führte dazu, dass sich immer
mehr Menschen aus der untersten Schicht den Forderungen
der gebildeten Bürger nach Einheit und Freiheit anschlossen:
Sie hofften auf ein menschenwürdiges Leben.

Die schlesischen Weber (Heinrich Heine, 1844)

Im düstern Auge keine Träne,
sie sitzen am Webstuhl und fletschen die Zähne:
Altdeutschland, wir weben dein Leichentuch,
wir weben hinein den dreifachen Fluch -
wir weben, wir weben!

Ein Fluch dem Gotte, zu dem wir gebeten,
in Winterkälte und Hungersnöten;
wir haben vergebens gehofft und geharrt,
er hat uns geäfft und gefoppt und genarrt –
wir weben, wir weben!

Ein Fluch dem König, dem König der Reichen,
den unser Elend nicht konnte erweichen,
der den letzten Groschen von uns erpresst
und uns wie Hunde erschießen lässt –
wir weben, wir weben!

Ein Fluch dem falschen Vaterlande,
wo nur gedeihen Schmach und Schande,
wo jede Blume früh geknickt
und Fäulnis und Moder den Wurm erquickt –
wir weben, wir weben!

Das Schiffchen fliegt, der Webstuhl kracht,
wir weben emsig Tag und Nacht –
Altdeutschland, wir weben dein Leichentuch,
wir weben hinein den dreifachen Fluch,
wir weben, wir weben!

4. Um Haaresbreite!

In seinem Haus fand Blum seine Frau lesend im Salon vor. „Du bist noch wach, Jenny?", fragte er besorgt. „Ist eins von den Kindern krank?"

„Nein, es ist alles in Ordnung", lächelte sie. „Ich hab mir nur Gedanken gemacht, weil es gar so spät geworden ist … hast du nicht gestern selbst gesagt, dass irgendwer dich auf Schritt und Tritt verfolgt?"

„Das ist nicht der Rede wert", meinte Blum wegwerfend. „Feiges Pack, das kümmerlich bezahlt wird, wenn es mir irgendwas am Zeug flicken kann." Er blinzelte ihr zu. „Aber du kennst mich doch! Es gibt keinen gesetzestreueren Untertan als mich!"

Mit einem Seufzer der Erleichterung ließ er sich in einen Sessel sinken und gähnte. „Trotzdem – es war ein ereignisreicher und anstrengender Tag. Wenn du mir einen Kaffee machst, dann erzähle ich dir alles!"

Während seine Frau in der Küche hantierte, ging er auf Zehenspitzen in das Zimmer, in dem seine vier Kinder schliefen.

Er liebte sie über alles, und manchmal fragte er sich so wie jetzt mit leisem Selbstvorwurf, ob er sich nicht mehr um seine Familie kümmern sollte, anstatt seinen Kampf für mehr Rechte und Freiheiten des Volks zu führen.

Er hob seinen Leuchter und warf einen Blick auf die vier Kindergesichter. Gab es denn etwas Schöneres, Befriedigenderes, als Familienvater zu sein? Etwas Wichtigeres, als für sie einen angemessenen Unterhalt zu verdienen?

Ärgerlich wischte er die Gedanken beiseite. Blum, was ist los mit dir? Bist du am Ende ein verkappter Spießer, ein Biedermeier? Was nützte die schönste Familienidylle, wenn es draußen in der Welt himmelschreiend ungerecht zuging!

Leise schloss er die Tür und ging in die Küche, wo der Kaffee schon auf dem Feuer brodelte.

„Wie geht es Friese?", erkundigte sich seine Frau, während sie das heiße Getränk in zwei große Tassen seihte und in jede einen Löffel Zucker hineinrührte.

„Sehr schlecht", sagte Blum bekümmert. „Viel schlechter jedenfalls, als er es uns glauben machen möchte. Er hustet ständig Blut und ist schwach auf den Beinen, außerdem hat er kaum Appetit. Ich glaube, Jenny, er wird das Jahr nicht überleben."

„O Gott, so schlimm?" Sie balancierte die vollen Tassen vorsichtig in den Salon und stellte sie auf einem Tischchen ab. „Dass es aber auch kein Mittel gegen diese fürchterliche Krankheit gibt …"

Sie ließen sich in ihre Sessel sinken und schlürften nachdenklich ihren süßen Kaffee. Ein Leben ohne Friese, den verlässlichen Freund und Geschäftspartner, schien ihnen schwer vorstellbar.

Nach einer Weile erinnerte Jenny ihren Mann, um ihn ein wenig aufzumuntern: „Du wolltest mir doch von deinem Tag berichten!"

Sofort wurde Blum lebhaft. „Stell dir vor, wir haben einen neuen Ladenschwengel*!" Er erzählte, unter welchen Umständen er und Friese den Burschen mit dem Namen des Königs von Preußen aufgegabelt hatten.

„So ein armer Kerl!", war Jennys ganzer Kommentar.

„Armer Kerl?", gab Blum mit gespielter Entrüstung zurück. „Und an meine schöne Uhr denkst du gar nicht?"

„Doch, natürlich!", lächelte sie. „Du musst schleunigst eine neue bekommen! Ein so viel beschäftigter Mann kann doch nicht ohne Uhr sein! Aber sag, warum hast du ihn denn nicht hierher gebracht, deinen Friedrich Wilhelm? Ein Plätzchen hätten wir schon für ihn gefunden."

„Nein, Jenny", wehrte Blum ab. „Hier ist es eng genug. Außerdem möchte ich dir nicht noch eine weitere Last aufbinden. Du hättest ihn ja doch über kurz oder lang wie eins deiner eigenen Küken bemuttert. Und ein Bild von seinem wahren Charakter habe ich mir auch noch nicht machen können. Nein, er soll im Verlagskontor bleiben. Wenn er sich bewährt und keinen Unfug macht, zahlen wir ihm ein kleines Taschengeld. Damit geht's ihm besser als jemals zuvor in seinem Leben – falls er sich nicht ohnehin bis morgen früh wieder davongemacht hat. Aber hör zu, es ist noch mehr passiert heute, weit Wichtigeres!"

Er berichtete, was die Abendgazetten an Neuigkeiten gebracht hatten und was bis morgen früh in ganz Leipzig kolportiert werden würde: Revolution in Paris!

„Ich habe so ein Gefühl", schloss er, „als ob dieser Funke aus Frankreich in den deutschen Landen ein Feuer entfachen könnte, das uns endlich Freiheit und Volksherrschaft in greifbare Nähe bringt. Jedenfalls wird es in den nächsten Tagen und Wochen mächtig viel Unruhe geben. Gott verhüte, dass es dabei zu Gewaltausbrüchen kommt. Aber jetzt lass uns schlafen gehen, Jenny!"

Blum behielt Recht. Überall kam es zu Unruhen, Massenkundgebungen und politischen Versammlungen, auf denen mehr politische Rechte für das Volk gefordert wurden, auch in Leipzig. Als Stadtverordneter und prominenter Politiker war Blum überall an vorderster Front dabei – er und der Adjutant, den er neuerdings besaß und der ihm nicht mehr von der Seite wich: Friedrich Wilhelm, von Blum seines Namens wegen nur „Rex" gerufen, hatte sich nämlich keineswegs davon gemacht, sondern entpuppte sich schon bald als unentbehrlicher Helfer.

Seine Verletzungen heilten schnell, nur die Schiene am Handgelenk, die ihm ein Wundarzt am Morgen nach dem Überfall angelegt hatte, behinderte ihn noch eine Weile. Dennoch erledigte er alles, was man ihm auftrug, so willig und zuverlässig, dass Blum ihn schon bald in sein Herz schloss, und Friese ging es nicht anders.

Eines Morgens, wenige Tage nach dem Ausbruch der Unruhen in Paris, saßen Blum und Friese mit ihrem neuen Helfer bei einem Gabelfrühstück im Verlagskontor.

Draußen war es mild, Nebel, Regen und Kälte hatten sich der Frühlingssonne geschlagen geben müssen.

„Das warme Wetter scheint dir gut zu tun, Friese", bemerkte Blum, denn der Freund hatte eine ganze Weile auffallend wenig gehustet.

„Mag wohl sein", erwiderte der Freund. Er war zwar sehr bleich bis auf zwei rote Flecken, die auf seinen Wangen brannten, aber dabei ungewöhnlich lebhaft, fast aufgekratzt. „Ich fühle mich auch recht leicht und beschwingt heute Morgen; sogar ein wenig Appetit habe ich gehabt."

Der Junge hatte Friese vom ersten Tag an immer mit einer gewissen Scheu behandelt. Auch heute betrachtete er ihn immer wieder forschend und sah schnell weg, wenn er sich ertappt glaubte. Endlich meldete er sich zaghaft zu Wort. „Darf ich was fragen?"

„Was soll das?", entgegnete Blum erstaunt. „Seit wann musst du fragen, wenn du etwas fragen willst, Rex? Du bist ein freier Mann und hast ein Recht auf die freie Rede!"

„Ich wollt' nur fragen", begann der Junge zögernd, ohne auf Blum einzugehen, „ob die Krankheet, wo der Herr Friese hat, ob das die Schwindsucht is?"

„Ja, mein Junge, die Schwindsucht", sagte Friese gelassen. „Warum fragst du?"

Der Junge antwortete nicht. Er sah Friese nur an, mit großen, geweiteten Augen, in denen die Angst stand. Blum senkte den Kopf und Friese lächelte wehmütig. Sie wussten auch ohne Antwort, was in dem Jungen vorging. Er hatte auf der Straße gelebt, wo jeder dritte oder vierte schwindsüchtig war. Er hatte gesehen, wie diese Menschen endeten.

Blum ertrug die plötzlich niedergedrückte Stimmung nicht. Er sprang auf und holte aus dem Schrank hinter seinem Schreibtisch die Karaffe mit dem Portwein und Gläser hervor.

„Kommt, lasst uns darauf trinken, dass wir jetzt endlich mehr Rechte für die Bürger erkämpfen! Noch nie war die Chance dazu so groß!"

Als sie die Gläser geleert hatten, erklärte Blum: Heute Nachmittag gibt es eine große Kundgebung auf dem Markt, auf der ich sprechen werde. Mach doch mal einen Gang durch die Stadt, Rex! Erkunde die Stimmung! Vielleicht kannst du auch eine Wache belauschen und herausbringen, ob die Obrigkeit gegen die Kundgebung etwas unternehmen will. Aber sei ja vorsichtig, damit dich niemand ertappt! Im Zweifelsfall lass es lieber sein! Schau auch, ob auffällig viele Soldaten unterwegs sind, ob einzeln oder in Gruppen, ob irgendwo eine ganze Einheit zusammengezogen wird!"

Er zog eine nagelneue silberne Taschenuhr aus der Westentasche und warf einen Blick darauf. „Sei bis um zwei Uhr zurück und erstatte mir Bericht!"

Der Junge, Feuer und Flamme für den Auftrag, wollte schon aufspringen, da klopfte Blum demonstrativ auf den Uhrendeckel. „Und keine krummen Dinger, Rex!"

„Ich doch nicht, Herr Blum!", grinste Rex. „Ich bin so ehrlich wie 'n Klosterschüler. Bis auf das eine Mal. Ehrlich!"

„Nun verschwinde schon", lächelte Blum, und wie der Blitz war der Junge aus der Tür.

„Ein heller Kopf", sagte Friese. „Aus Rex könnte etwas werden." Er zögerte einen Augenblick. „Du weißt, Blum, ich habe keine Nachkommen. Ich glaube, ich werde dem Jungen eine vernünftige Ausbildung finanzieren."

„Das würdest du tun?", fragte Blum, der sich schon Ähnliches vorgenommen hatte, gerührt.

Friese nickte. „Auch wenn ich die Früchte meiner Investition nicht mehr erleben werde."

Blum drückte dem Freund wortlos die Hand.

Eine ganze Weile saßen sie so, dann stand Blum auf. „Ich muss meine Rede vorbereiten."

Pünktlich mit Glockenschlag zwei Uhr kam Rex zurück. „Ich gloob, die ganze Stadt is uff den Beenen", berichtete er aufgeregt. „An jede Ecke stehnse und fuchteln mit de Arme und brüllen, von wegen, dass jetz das Volk herrschen tut. Aber gehaun hammse sich nich. Alles friedlich."

Es seien mehr Soldaten als üblich in der Stadt unterwegs, aber er habe nur eine größere Einheit gesehen, die allerdings mit aufgepflanzten Bajonetten* bewaffnet.

„Gott sei Dank!", sagte Blum erleichtert. „Eine gewaltsame Niederschlagung der Kundgebung ist anscheinend nicht geplant. Gut gemacht, Rex!"

Er klopfte dem Jungen auf die Schulter. „Wenn du willst, kannst du dir den Nachmittag freinehmen!"

„Was? Freinehmen?" Rex war sichtlich enttäuscht. „Ich will doch mit und hör'n, was Sie zum Volk reden!"

Dagegen hatte Blum nichts einzuwenden, und so verabschiedeten sie sich eine Stunde später von Friese. Zur Feier des Tages und dem Anlass angemessen nahm Blum eine Droschke.

Der Markt war schwarz von Menschen; es war so voll, dass der Wagen bereits weit vor dem Platz anhalten musste. Blum und sein jugendlicher Begleiter bahnten sich zunächst nur mühsam einen Weg durch die Massen, aber bald erscholl von allen Seiten der Ruf: „Blum ist da! Lasst ihn durch! Blum ist da! Er soll zu uns sprechen!"

Kaum jemand gab es in Leipzig, der den stämmigen, bärtigen Lockenkopf nicht kannte, der in den Leipziger Gazetten* die Obrigkeit mit mutiger, spitzer Feder attackierte, der zu vielen Anlässen feurige, begeisternde Reden hielt, der sich stets für die kleinen Leute einsetzte und so respektlos war, dass man ihn wegen Beleidigung der Justiz schon zweimal eingesperrt hatte.

Also entstand schnell eine Gasse, die den beiden erlaubte, ohne Behinderung bis zu der Stelle zu gehen, an der ein hölzernes Podest aufgebaut war.

Blum grinste in sich hinein. Überall, auf allen Plätzen, hatten vom Geist des Aufbegehrens beseelte Männer solche Podeste errichtet, zusammengenagelt aus Bauholz oder alten Möbeln. Es war, als ob sie hofften, durch diese hölzernen Aufbauten die Volksherrschaft herbeizwingen zu können.

Seine Erheiterung wich, als ihm seine große Verantwortung bewusst wurde. Sie warten darauf, dass jemand den Anfang macht, einer wie du, der ihnen zeigt, wofür es sich zu kämpfen lohnt, dachte er. Du darfst sie nicht enttäuschen! Auch den Jungen nicht, der dich da mit gläubigen Augen ansieht!

Er legte ihm, der sich unter den Blicken der Menge sichtlich unbehaglich fühlte, die Hand auf die Schulter. „Warte hier unten auf mich!" Dann reichte er einem der bereitstehenden Helfer den Arm und stieg vorsichtig die schwankenden Bretter hinauf, die auf die improvisierte Bühne führten.

Oben angekommen überlegte er kurz, ob er das vorbereitete Manuskript herausziehen sollte, doch er entschied sich dagegen. Er würde sich höchstens verlesen mit seinen schlechten Augen. Und er wusste ohnehin, was er zu sagen hatte.

Langsam hob er den Arm, das Lärmen der Menge erstarb. Einen kurzen lächelnden Blick tauschte er mit dem Jungen, der erwartungsvoll zu ihm aufschaute. Und dann wurde aus dem dicklichen, bärtigen Lockenkopf mit der sanften Miene ein Mann, der Hunderte und Tausende in seinen Bann schlagen konnte: Blum redete.

„Meine Freunde! Die Stunde der Entscheidung ist gekommen! Die Stunde, da unser armes, zerstückeltes Vaterland endlich wieder auferstehen wird im neuen Glanz der Freiheit! Ja, die Einheit, die wir ersehnen, soll nicht die Einheit der Fürsten sein, sondern unser aller Einheit, in der wir ohne Zensur und Unterdrückung uns zusammenfinden, um in freien Wahlen zu bestimmen, wer unsere Geschicke lenken soll! Darf ein einziger Fürst mit einer Handvoll willfähriger Knechte unsere Zukunft bestimmen? Nein, Freunde, er darf es nicht! Wollen wir dulden, dass eine kleine korrumpierte Clique von Männern ohne Sittlichkeit, Ehre und Tugend verprasst, was hunderttausende nähren könnte? Nein, meine Freunde, wir werden es nicht dulden! Eine geschriebene Verfassung muss uns unsere Rechte garantieren, denn wir sind alle frei geboren! Aus dem Königreich Sachsen muss die freie Republik Sachsen werden! Und ein einiges deutsches Vaterland wollen wir, so weit die deutsche Zunge klingt! Was wir im Kleinen nun schaffen, muss auch im Großen Wirklichkeit werden! Und deshalb sage ich euch: So wie es eine sächsische Verfassung und ein sächsisches Parlament geben muss, so muss es auch eine deutsche Verfassung und ein deutsches Parlament geben!

Ein Parlament der Freiheit! Ein Parlament der Einheit! Ein Parlament des Rechts!"

Die Menge lauschte atemlos. Dieser Mann, beileibe keine besonders imposante Erscheinung, hatte etwas, das sie mitriss, etwas kraftvoll Überlegenes, obwohl er so sichtlich einer von ihnen war. Wie sehr unterschied sich sein Auftritt von der gekünstelten Jovialität des Königs oder des Kronprinzen, die vom hohen Ross herab huldvoll nickten und winkten. Blum strahlte eine Macht aus, die auf Vertrauen und Zuversicht gründete.

Als er seinen dreifachen Ausruf nachhallen ließ, brandete Jubel auf. Während Blum tief durchatmete und auf das Abebben des Beifalls wartete, setzte er seine Brille auf und ließ seinen Blick geistesabwesend über den Platz wandern – und schreckte auf. Er blinzelte, weil er sich seiner Augen nicht sicher war. Aber er täuschte sich nicht. Aus einer Gasse trat eine Anzahl Soldaten heraus, im Gleichschritt und mit aufgepflanztem Bajonett, und baute sich hinter der Menge auf.

Blum war alarmiert. War das eine bewusste Provokation? Stand womöglich in einer Seitenstraße eine ganze Kompanie bereit, mit dem Befehl, beim geringsten Anlass zu schießen?

Blum kam zu einem raschen Entschluss: Weitermachen, als ob nichts geschehen wäre. Doch ein jugendlicher Heißsporn machte seine Absicht zunichte. Der junge Mann, womöglich hatte er zur Mittagszeit schon ein paar Schoppen geleert, bemerkte die Soldaten und pöbelte sie an. Sofort hatte er die Aufmerksamkeit der Umstehenden. Die Aufmerksamkeit der meisten war zwar noch auf Blum gerichtet, aber eine gewisse Unruhe entstand.

Blum redete weiter, war aber selbst nicht mehr ganz bei der Sache – er wusste, wie gefährlich die Situation war, wie schnell die Stimmung umschlagen konnte.

Da, jetzt waren es schon mehrere Männer, die wütend gestikulierten und auf die Soldaten einredeten. Einige Grenadiere nahmen die Waffe von den Schultern, doch diese Drohgebärde schüchterte niemanden ein, im Gegenteil, jetzt war es ein ganzer Pulk von Menschen, die auf die Uniformierten eindrangen.

Ein Soldat hob seine Waffe, richtete sie auf die Menge, wurde bedrängt – ein lauter Knall ertönte. Hatte der Mann gezielt geschossen? Hatte sich ein Schuss gelöst? Niemand vermochte es später zu sagen. Doch einer der Umstehenden sank schwer getroffen zu Boden.

„Mörder!" Irgendjemand schrie es heraus, der Schrei pflanzte sich fort durch die Menge, vervielfachte sich. Alle Soldaten hatten jetzt die Gewehre gehoben und zielten auf die Menge. Plötzlich herrschte Schweigen – einen atemlosen Augenblick lang sahen alle auf ihn, auf Blum, warteten auf den Funken, der den Brand entfachen würde.

Blum schien es, als habe jemand die Zeit zurückgedreht, fast drei Jahre weit. Schon einmal war er hier gestanden, vor einer verzweifelten, wütenden, erbitterten Menge, bei der es nur eines Wortes, einer Geste bedurft hätte, um ein Inferno von Mord und Zerstörung zu entfesseln. Damals war Kronprinz Johann aus der Hauptstadt Dresden nach Leipzig gekommen, einer der ewig Gestrigen, der keinen Zoll an der alten Fürstenherrlichkeit rütteln wollte. Am Abend war es zu einer Demonstration vor seinem Hotel gekommen, Lieder waren gesungen, Flugblätter verteilt worden, und, ja, ein paar Steine waren auch geflogen. Er, Blum, war dabei gewesen und hatte gesehen, wie plötzlich Militär anrückte, eine ganze Hundertschaft, und wahllos auf die Menschen geschossen hatte. Ein Dutzend Tote wegen einer Fürstenlaune …

Eine rasende Menge war am nächsten Morgen zum Hotel gestürmt, Tausende von wütenden Menschen, bewaffnet mit Steinen, Knüppeln, Äxten und Gewehren. Unzählige Opfer hätte es geben können, auch das Leben des Kronprinzen hatte am seidenen Faden gehangen.

Damals hatte Blum zu den Menschen gesprochen, hatte einen blutigen Kampf in einen schweigenden Protestmarsch verwandelt.

Keine Sekunde hatte es gedauert, während ihm das alles durch den Kopf geschossen war, und keine Sekunde mehr würde vergehen, bis der tosende Mob losschlug.

Mit der ganzen Kraft seines weittragenden Baritons und mit verzweifelter Intensität ruft er der Menge zu: „Halt!"

Wie damals fährt er fort: „Bürger, verlasst den Boden des Gesetzes nicht!"

Und wie damals erstirbt das Brüllen, lösen sich Fäuste, verschwinden Messer in Hosentaschen. Die Menge beruhigt sich und schweigt.

Die Soldaten, wohl genauso über den Schuss entsetzt und erschrocken wie die Menge, lassen die Gewehre sinken.

Blum wischt sich den Schweiß von der Stirn. Einen seiner Helfer bittet er, nach dem Verwundeten zu sehen. Jetzt kann er weiter sprechen. Nichts mehr würde geschehen, aber knapp genug ist es gewesen.

In ruhigem Ton, maßvoll und besonnen führt Blum seine Ansprache zu Ende. Beifall braust auf, begeistert, aber nicht mehr von eifernden und hasserfüllten Parolen begleitet.

Nach minutenlangem Klatschen brüllt jemand: „Es lebe die Revolution! Es lebe Robert Blum!" Und gleich darauf skandiert die Menge: „Es lebe die Revolution! Es lebe Robert Blum!"

Erschöpft steigt Blum vom Podest. Noch einmal gut gegangen! Hoffentlich würde es so bleiben.

„Mann, warum hammse'n das gemacht, Herr Blum!", empfing ihn Rex, als er wieder auf ebener Erde stand. „Die Leute hätten den paar Soldaten, wo da gekommen sin', glatt das Fell über die Ohren gezogen!"

„Und das hättest du gut gefunden?", fragte Blum. „Hast du schon vergessen, was sie mit dir gemacht haben neulich? Willst du wirklich, dass jemand so zusammen-geprügelt oder gar totgeschlagen wird?"

Der Junge schwieg, doch Blum war nicht sicher, dass er ihn überzeugt hatte. Und er hatte sogar Verständnis für ihn. Für manchen Heranwachsenden zeigte sich ein richtiger Kerl eben erst bei einer handfesten Rauferei – vor allem, wenn er immer wieder erlebt hatte, dass der mit den härtesten Fäusten sich am Ende durchsetzte.

Blum blieb keine Zeit, länger über Rex Worte nachzudenken, denn alsbald war er in Diskussionen mit den Bürgern verwickelt.

Als sich die Menge zu zerstreuen begann, kam noch einer auf ihn zu, ein hagerer Kerl mit schwarzem Umhang und Hut. Er machte sich nicht die Mühe zu grüßen oder sich vorzustellen.

„Sie sind ein Aufrührer, Blum", sagte er. „Treiben Sie es nicht zu weit, sonst könnte es ein ungutes Ende mit Ihnen nehmen!"

Blum wollte etwas entgegnen, aber Rex ließ ihn nicht zu Wort kommen. Er baute sich vor dem Mann auf. „Hörnse auf, so'n Scheißdreck zu reden", fauchte er. „Hamse nicht gesehen, wie Herr Blum grade für Frieden gesorgt hat?"

Der Fremde beachtete ihn nicht. Vielleicht war es Zufall, dass sich sein Umhang geöffnet hatte und man in seinem Gürtel matt eine Pistole schimmern sah. „Denken Sie an meine Worte, Blum! Wer kann sich schon schützen vor einer verirrten Kugel oder einem nächtlichen Überfall in diesen rauen Zeiten …"

Er tippte an seinen Hut, drehte sich um und verschwand.

„Was war'n das für'n Kacksack?" Rex war immer noch empört. „Hammse gesehn? Der hatte 'n Schießgewehr dabei!"

„Ja, ja", lächelte Blum. „Lass die Hunde nur bellen, sie beißen doch nicht. Glaub mir, wenn mir jetzt etwas zustieße, geriete ganz Leipzig in Aufruhr! Komm, mein Junge, lass uns ins Wirtshaus gehen und was Anständiges essen auf den Schreck!"

Als sie nach ausgiebiger Brotzeit zurück in die Buchhandlung kamen, fanden sie diese verlassen vor. Auf Frieses Schreibtisch lag ein begonnener Brief an einen der Autoren ihres „Staatslexikons".

Blum überflog ihn. „Merkwürdig", murmelte er, „er hat mitten im Wort abgebrochen …"

Das sah dem peniblen Friese überhaupt nicht ähnlich. Von plötzlicher Unruhe gepackt, sagte Blum: „Bleib du ruhig da, ich gehe rasch noch bei Friese vorbei!"

Doch der Junge wollte mit, und Blum wandte nichts dagegen ein.

Mit raschen Schritten eilten sie durch die Gassen, bis sie zu Frieses Wohnung kamen. Er war Junggeselle und hatte ein paar Zimmer bei der Witwe eines Pelzhändlers gemietet.

Ungestüm betätigte Blum den Klopfer.

Tappende Schritte näherten sich, und die Witwe, eine rüstige, stämmige Person, öffnete.

„Ach, sie sind es, Herr Blum", begrüßte sie ihn und nickte dem Jungen zu. „Natürlich, wer sonst betätigt den Klopfer, als wollte er die Tür einschlagen! Kommen Sie in den Salon!"

Sie schüttelte den Kopf, als Blum etwas fragen wollte, und legte den Finger auf die Lippen.

Erst als ihre Besucher auf den geblümten Sesseln ihres kleinen Wohnzimmers Platz genommen hatten, sagte sie: „Herrn Friese geht es sehr schlecht. Er ist in seinem Bureau zusammengebrochen. Gott sei Dank war gerade ein Kunde bei ihm, der eine Droschke gerufen und ihn nach Hause begleitet hat. Der Doktor war schon bei ihm. Jetzt schläft er, glaube ich, aber …", sie führte ein Spitzentaschentuch an die Augen, „er ist so schwach und elend …"

„Ich will einmal nach ihm sehen", sagte Blum und ging, ohne den Protest der Hausfrau zu beachten, auf Zehenspitzen durch den Flur und das Empfangs- und das Arbeitszimmer in den Schlafraum seines Freundes.

Friese schlief nicht. Er lag bleich und verweigernd in den Kissen, mit geschlossenen Augen, die er aber langsam öffnete, als er spürte, dass jemand bei ihm war.

„Ach, Blum, du bist es, und du hast deinen kleinen König mitgebracht. Sehr liebenswürdig von euch, dass ihr nach mir seht."

Der Kranke hustete, aber offenbar fehlte ihm die Kraft dazu, denn er rang heftig nach Luft und sein Atem rasselte. Auf seinen Lippen lag blasiges, hellrotes Blut.

Der Junge sprang herbei, nahm einen Becher vom Nachtkästchen und hielt ihn Friese an die Lippen.

Der Kranke trank ein wenig und nickte dankbar. Langsam legte sich der Hustenreiz.

„Du bist ein guter Junge", sagte er. Dann lag er eine Weile still und starrte gegen die Decke, nur sein mühsames Atmen war zu hören.

Blum, dieser vor Vitalität berstende Mann, ballte hilflos die Fäuste, als er seinen todkranken Freund ansah. Er wollte etwas tun, wollte helfen, und konnte doch nur am Bett stehen; nicht einmal die rechten Worte wollten ihm einfallen. Das machte ihn zornig. Und traurig zugleich.

Friese, der den Aufruhr in Blums Innerem bemerkte, lächelte ihm zu. „Kümmere du dich um Politik, Blum, davon verstehst du was. Ich habe einen guten Arzt und bin bestens versorgt."

Er winkte ihn näher zu sich heran. „Wie besprochen habe ich eine Summe hinterlegt", flüsterte er. „Sie sollte für die Ausbildung des Jungen reichen. Du kümmerst dich darum?"

Blum nickte wortlos.

Friese hob die Stimme ein wenig. „Große Veränderungen stehen möglicherweise bevor. Blum, unser Traum wird vielleicht wahr, Deutschland wird ein einig Vaterland, und wir Bürger dürfen helfen, seine Geschicke zu lenken. Versprich mir eines, Blum! Sei nicht zu radikal in deinen Forderungen, damit unser Anliegen nicht in Aufruhr und Chaos endet!"

„Ich habe stets die Anwendung von Gewalt ausgeschlossen!", erwiderte Blum steif.

„Das weiß ich doch, mein Lieber! Aber bedenke auch, was die Fürsten aufgeben müssen, jahrhundertealte Privilegien, und was vor allem in ihren Köpfen steckt: Gottesgnadentum, begreifst du? Gottesgnadentum*! Das lässt man nicht von einem Tag auf den anderen fahren."

„Ich weiß, mein Freund, ich weiß." Blum seufzte, setzte sich aufs Bett und nahm die Hand des Kranken in die seine. „Aber du kümmerst dich jetzt vorrangig darum, wieder gesund zu werden!"

Friese gab keine Antwort, aber Blum hatte auch nicht ernsthaft eine erwartet.

Eine Weile saß er so da, und betrachtete seinen Freund, der die Augen wieder geschlossen hatte. Der Junge lehnte an der Wand, sehr weiß im Gesicht, die Augen unablässig auf den Kranken gerichtet.

Endlich schien es Blum, als ob der Kranke wieder schliefe. Er erhob sich und winkte dem Jungen, ihm zu folgen. An der Tür sah er sich noch einmal um.

Nein, Friese schlief noch nicht. Er hob eine Hand, eine zartgliedrige, fast durchsichtig scheinende Hand, und winkte ihnen zu.

Als sie das Haus verlassen hatten, begann der Junge heftig zu weinen.

„Du hast schon viel zu viel gesehen in deinem kurzen Leben, mein Kleiner", brummte Blum und legte ihm beschützend einen Arm um die Schulter. Der Tod ist groß, dachte er. Und wo er seine Opfer forderte, da hatten aller Kampf und alles Streben ein Ende.

Freiheitsdrang und Franzosenhass –
die Jahre vor der Revolution

Nach dem Hambacher Fest hatte Metternich erneut alle Un-
terdrückungsinstrumente angewandt: Nochmals wurde die
Zensur verschärft, Spitzel schnüffelten allen politisch Ver-
dächtigen hinterher, fortschrittliche Professoren und Studenten wurden verhaftet oder flohen ins Ausland.1837 protestierten sieben besonders angesehene Professoren in Göttingen gegen den neuen Herrscher des Königreichs Hanno-
ver (zu dem Göttingen gehörte). Der König hatte Rechte, die
sein Vorgänger den Bürgern eingeräumt hatte, wieder abgeschafft. Die *„Göttinger Sieben"*, unter ihnen die Brüder Grimm,
wurden entlassen und ausgewiesen.

Aber dann trat das Gegenteil von dem ein, was der König bezweckte: Fortschrittliche Bürger in allen deutschen
Staaten solidarisierten sich mit den Professoren. Sie ließen
sich nicht mehr einschüchtern und äußerten ihre Forderung
nach mehr Freiheitsrechten immer lauter.

Für viele deutsche Demokraten und Liberale war die politische Entwicklung in Frankreich nach der *„Julirevolution"*
1830 ein Vorbild. Aber so sehr man sich an den Franzosen ori-
entierte, wenn es um Kampf für mehr Bürgerrechte ging, so
wenig hatte man doch die Jahre der Besatzung unter Napoleon vergessen. Als daher die Franzosen ab 1840 wieder An-
sprüche auf deutsche Rheingebiete erhoben, wurde auch
das Verlangen nach der Einheit Deutschlands wieder drän-
gend. Die Parolen lauteten nun: Endlich dem Staat der Fran-

zosen einen mindestens ebenso starken deutschen entge-
genstellen. Auch die Lieder, die damals entstanden, waren
ein deutlicher Wink an die Franzosen: Lasst die Finger vom
deutschen Rhein!

Auch wenn er für die deutsche Einheit eintrat: Robert
Blum ließ sich von der nationalistischen Aufwallung der
„Rheinkrise" nicht mitreißen. Er gründete im selben Jahr mit
Freunden die liberalen „Sächsischen Vaterlandsblätter". Die
Zeitung, für die bald auch Robert Friese (1805–1848) arbeite-
te, kämpfte weniger gegen die Franzosen als gegen die Fürs-
tenherrschaft im Deutschen Bund* und für die Rechte der Ar-
beiter, Handwerker und Bürger.

320. Gulliver erhebt sich, und sämtliche Zwerge purzeln jäh durcheinander
Anonyme Karikatur auf den Ausbruch der Julirevolution

„Gulliver erhebt sich, und sämtliche Zwerge purzeln jäh durcheinander": anonyme Karikatur zum Ausbruch der Julirevolution in
Frankreich im Jahr 1832

Die Wacht am Rhein (Max Schneckenburger, 1840)

Es braust ein Ruf wie Donnerhall,
wie Schwertgeklirr und Wogenprall:
Zum Rhein, zum Rhein, zum deutschen Rhein!
Wer soll des Stromes Hüter sein?
Lieb Vaterland, magst ruhig sein:
Fest steht und treu die Wacht am Rhein!

Solang ein Tropfen Blut noch glüht,
noch eine Faust den Degen zieht,
und noch ein Arm die Büchse spannt,
betritt kein Feind hier deinen Strand!
Lieb Vaterland, magst ruhig sein:
Fest steht und treu die Wacht am Rhein!

Der Schwur erschallt, die Woge rinnt,
die Fahnen flattern hoch im Wind:
Zum Rhein, zum Rhein, zum deutschen Rhein!
Wir alle wollen Hüter sein!
Lieb Vaterland, magst ruhig sein!
Fest steht und treu die Wacht am Rhein!

5. Die Berufung

Am nächsten Morgen stand Blums Name auf den Titelseiten aller Zeitungen: Wieder einmal war er der Held des Tages.

Von nun an hatte er keine ruhige Minute mehr. Er eilte von Versammlung zu Versammlung, von Vereinstagung zu Vereinstagung, er redete, beschwor, erklärte, forderte, er begeisterte immer mehr Leipziger für seine Idee einer sächsischen Verfassung mit Rechten für alle Bürger und seine Vision eines freien, geeinten deutschen Vaterlands mit einer Nationalrepräsentanz, einem gewählten Parlament.

Zwischen Sitzungen und Versammlungen besuchte er seinen todkranken Freund Friese, verfasste Resolutionen, entwarf Reden und schrieb Briefe.

Frau und Kinder bekamen ihn nur noch zu Gesicht, wenn er todmüde heimkam, um ein paar Stunden zu schlafen.

Er hätte das alles kaum bewältigen können, wenn ihm nicht sein Schützling Rex zahllose Erledigungen und Botengänge abgenommen hätte. Bald wurde der Junge ein unentbehrlicher Helfer Blums und begleitete ihn überall hin.

Zwischen dem Vorkämpfer für Freiheit und Demokratie und dem Straßenjungen entstand so etwas wie

Freundschaft; Blum vertraute ihm, der ihn vor noch nicht so langer Zeit bestohlen hatte, völlig, und der Junge enttäuschte ihn nie.

Weit über Leipzig hinaus, im ganzen sächsischen Königreich, schlossen sich die Menschen Blums Ideen an, überall gab es machtvolle Massendemonstrationen.

Der Druck auf den König wurde groß und größer. Er fürchtete eine gewaltsame Erhebung, die ihn womöglich seinen Thron kosten würde. Deshalb gab er schließlich dem Drängen seiner Untertanen nach: Er entließ seine Minister und berief neue, liberalere*, die den Auftrag bekamen, eine Verfassung zu erarbeiten. Das Königtum sollte bestehen bleiben, daneben aber sollte es ein von den Bürgern gewähltes Parlament geben.

Damit war ein erster, großer Schritt getan. Der Jubel in Sachsen war grenzenlos, und Blum galt als der Mann, dem man das alles zu verdanken hatte.

Am Morgen des 18. März 1848, zwei Tage nach der Einsetzung der neuen Regierung, saß Blum, nachdem er bis in die Nacht hinein gearbeitet hatte, mit Rex bei einem verspäteten Frühstück im Kontor des Verlags, als es klingelte und ihm ein Brief überbracht wurde.

Er war aus schwerem, dickem Papier und sorgfältig gefaltet. Blum betrachtete neugierig das große rote Siegel, bevor er es erbrach.

„Rat der Stadt Zwickau", buchstabierte er und hielt das Schreiben vor die kurzsichtigen Augen. „Aha. Was die Herren wohl von mir wollen?"

Er las laut:

Hochverehrter Herr Blum,

in Anerkennung Ihrer außerordentlichen Verdienste um unser Land Sachsen und unser gemeinsames deutsches Vaterland haben wir Sie für eine außerordentliche Auszeichnung vorgesehen und bitten Sie, uns am 19. März 1848 hier aufzusuchen. Ein Abteil in der Sächsischen Eisenbahn zu reservieren haben wir uns erlaubt. Wir rechnen mit Ihrem Eintreffen gegen zwei Uhr nachmittags.

Mit dem Ausdrucke unserer vorzüglichen Hochachtung zeichnet Ihr ergebener

Meyer, Bürgermeister,

namens des Rates der Stadt Zwickau im Königreich Sachsen.

„Mmmh", brummte Blum, „nach Zwickau, das dürften so in etwa 12 Meilen* sein, drei Stunden Fahrtzeit schätze ich. Da die Herren ja alles so genau geplant zu haben scheinen, gehe ich davon aus, dass unsere Eisenbahn zwischen zehn und elf hier abfahren wird …"

Er sah auf. „Wir fahren natürlich!"

Wie elektrisiert sprang Rex auf. „Wir fahren? Ich fahr also mit?"

„Wir heißt wir", bestätigte Blum. „Es sei denn, du willst nicht …"

Und ob der Junge wollte, er war außer sich vor Freude. Denn wenn auch manche Leute immer noch behaupteten, die rasende Geschwindigkeit einer Dampflokomotive würde die menschliche Gesundheit schädigen, für Jungen wie ihn war es einer der größten Wünsche, und zwar einer, der meistens unerfüllt blieb.

Nach drei Stunden Fahrt, während der sich der Junge vorkam wie ein wilder Reiter, der auf einem rasenden Ross durch die Landschaft galoppierte, während Blum, in seine Gazette vertieft, kaum einmal aus dem Fenster sah, fuhr die Dampflokomotive mit ihren drei Wagen spuckend, fauchend und zischend in der Zwickauer Bahnstation ein.

Auf dem Perron* wimmelte es von Menschen, jubelnden, schwarz-rot-goldene Fähnchen schwingenden, mit Blumensträußen winkenden Menschen.

Als sie aus dem Wagen auf den Bahnsteig geklettert waren, wurden Blum und Rex von einer Anzahl Herren im schwarzen Frack mit Halsbinde und Zylinder empfangen und zu einer hölzernen Bühne geleitet, die mit grünen Birkenreisern und Kränzen von Osterglocken festlich geschmückt war.

Hilfreiche Hände schoben sie hinauf, rückten Stühle für sich zurecht, und unversehens sah sich der Junge neben seinem Beschützer, flankiert von den Würdenträgern der Stadt, im Mittelpunkt des allgemeinen Interesses. So kam es ihm jedenfalls vor. Eingezwängt in einen nagelneuen Anzug und gewohnt, nur ja keine Aufmerksamkeit zu erregen, begann er zu schwitzen und unruhig auf seinem Stuhl hin und her zu rutschen.

Er wollte Blum fragen, ob er sich nicht unauffällig verdrücken könnte, doch der legte nur warnend einen Finger auf die Lippen und deutete auf ein weiteres blumengeschmücktes Podest, auf dem sich eine Anzahl Männer im Sonntagsstaat versammelt hatte.

Ein leises Summen wurde hörbar, und dann erscholl es mehrstimmig aus dreißig kräftigen Männerkehlen: „Freiheit, die ich meine, die mein Herz erfüllt …"

Feierlich schwebten die Klänge über die Menge hin, und Rex, der Blum verstohlen musterte, merkte wohl, dass sein Freund und Förderer Mühe hatte, die Tränen zurückzuhalten.

Als die letzte Strophe verklungen war, trat Bürgermeister Meyer vor und rief: „Bürger der Stadt Zwickau! Begrüßt mit mir den Mann, der wie kein anderer für die Freiheit des Glaubens und für die Einheit und Freiheit unseres Vaterlandes steht, begrüßt Robert Blum!"

Beifall brauste auf, Hoch- und Bravorufe ertönten. In der ersten Reihe hob ein Mann in blauer Arbeitskleidung sein kleines Töchterchen auf das Podest, das einen Strauß Schlüsselblumen in beiden Händen trug und ihn Blum mit einem artigen Knicks darbot. Gerührt nahm er ihn entgegen, hob das Mädchen dann auf seine Arme, drückte es an sich und reichte es seinem Vater zurück.

Dann nahm Bürgermeister Meyer erneut das Wort. „Wir, der frei gewählte Rat der Stadt Zwickau, haben in einstimmiger Entscheidung beschlossen, dem Vorkämpfer für die Freiheit und Einheit unseres geliebten deutschen Vaterlandes die Ehrenbürgerwürde der Stadt Zwickau zu verleihen!"

Wieder jubelte die Menge, während Meyer ein gesiegeltes Pergament entrollte, das er anschließend verlas:

Dem Mann des Volkes, dem mutigen unerschütterlichen Vorkämpfer kirchlicher und politischer Freiheit, dem Erhalter der Ruhe in kummervoller Zeit, Robert Blum zu Leipzig, ernannten und ernennen Rat und Stadtverordnete von Zwickau kraft dieses zum Ehrenbürger ihrer Stadt, Zwickau, den 18. März 1848.

Blum musste heftig schlucken, um sich von seiner Rührung nicht übermannen zu lassen. Es waren weniger die feierlichen Worte des Bürgermeisters, nicht die steifen Verbeugungen der Honoratioren, es war diese aufrichtige, fast liebevolle Wertschätzung, die er in den Gesichtern der Leute lesen konnte, der Leute, die ganz offensichtlich an ihn glaubten und die ihm vertrauten. Er war froh, dass der Chor erneut einen Stimmakkord summte, so hatte er Zeit, seine Gefühle wieder unter Kontrolle zu bekommen. Hätte er jetzt unmittelbar sprechen sollen, die Stimme hätte ihm versagt.

Das Lied, das jetzt erklang, hatte er schon einmal gehört. Sein Freund August Heinrich Hoffmann von Fallersleben hatte es vor einigen Jahren geschrieben. Wie es wohl seinen Weg nach Zwickau gefunden hatte? Der Chor war gut geschult, so dass er jedes Wort verstehen konnte:

„Deutschland, Deutschland über alles,
über alles in der Welt!"

Er lauschte der ersten und zweiten Strophe, dann legten die Männer ihre ganze Inbrunst in ihre Stimmen und sangen mit leidenschaftlichem Pathos:

„Einigkeit und Recht und Freiheit
für das deutsche Vaterland!
Danach lasst uns alle streben
brüderlich mit Herz und Hand!
Einigkeit und Recht und Freiheit
sind des Glückes Unterpfand.
Blüh im Glanze dieses Glückes,
blühe, deutsches Vaterland!"

Wieder ergriff die Rührung Besitz von ihm, er versuchte verzweifelt, seiner Gefühle Herr zu werden, aber er schaffte es nicht.

„Blüh im Glanze dieses Glückes,
blühe deutsches Vaterland!",

wiederholten die Sänger.

Ja, das wünschte auch er sich, von ganzem Herzen!

Blum konnte nichts dagegen tun, dass ihm die Augen übergingen und Tränen seine Wangen herabrollten.

Da beugte sich, während unten schon wieder tosender Beifall erklang, Rex zu ihm herüber.

„Herr Blum?", fragte er. „Ja, was ist, mein Junge?"

„Kriegen Sie bloß das Papier da, oder gibt's auch was zu essen?"

Erleichtert merkte Blum, dass seine Rührung sich schlagartig legte.

„Es gibt bestimmt auch etwas zu essen, ein richtiges Festmahl, glaube ich", beruhigte er den Jungen und fügte scheinbar unvermittelt hinzu: „Was täte ich nur ohne dich?"

Rex kniff ein Auge zu, und Blum dachte wieder einmal, dass es nur ein unglücklicher Zufall sein konnte, dass dieser Junge auf der Straße gelandet war und nicht in irgendeiner Staatskanzlei.

Blum behielt Recht. Die Zwickauer ließen sich nicht lumpen und tischten dem neuen Ehrenbürger und seinem hungrigen Begleiter ein Festmahl auf, von dem zumindest Rex noch tagelang schwärmte.

Seinem Förderer freilich stand der wirkliche Höhepunkt des Tages noch bevor. Am Abend – der Bürgermeister hatte zu Rex' Entzücken in den noblen Gasthof „Zur Post" zu einem weiteren Festmahl geladen – wurden in kleinerem Kreis die aktuellen politischen Ereignisse besprochen.

Die Stimmung war enthusiastisch, denn es schien tatsächlich, als sei die revolutionäre Bewegung, die

Frankreich überrollt und dann Deutschland erfasst hatte, schon nach wenigen Tagen erfolgreich gewesen.

„Es ist wie eine gigantische Lawine", strahlte Bürgermeister Meyer und hob das Glas mit Saalewein. „Überall beginnt sich die Freiheit durchzusetzen: Die Zensur wird abgeschafft, es gibt ordentliche Schwurgerichte*, die Abgaben an den Adel fallen … hei! So mancher hochwohlgeborene Dickwanst wird noch das Hungern lernen!"

„Ich bin nicht ganz so optimistisch wie Sie, Herr Bürgermeister", erwiderte Blum nachdenklich. Er nippte an seinem Wein und versuchte sich nicht anmerken zu lassen, dass ihm das saure Gesöff überhaupt nicht mundete. „Sehen Sie, die Fürsten sind von den Ereignissen überrascht worden, sie waren niedergeworfen, ehe sie recht merkten, was ihnen geschah. Sie werden bald die Köpfe wieder heben, und wehe, wenn wir dann nicht gewappnet sind! Dann wird die alte Ordnung mit Gewehren und mit Kanonen wiederhergestellt, glauben Sie mir! So leicht gibt niemand seine Vorrechte auf!"

Der Bürgermeister nickte. „Aber wie sollten wir uns wappnen, Ihrer Meinung nach?"

„Wir müssen schleunigst eine Nationalrepräsentanz wählen, ein gesamtdeutsches Parlament, und dieses Parlament muss eine Zentralgewalt bestimmen. Nur eine solche zentrale Regierung hätte genug Autorität, die Fürsten im Zaum zu halten – wenn sie von einem großen Volksheer unterstützt wird."

„Wir sind doch schon auf dem besten Wege dazu, Herr Blum! Es gibt doch schon ein Vorparlament* in Frankfurt, das die Wahlen zu einem richtigen Parlament vorbereiten soll."

„Ja, ich weiß", seufzte Blum, „hoffentlich sitzen da auch die richtigen Leute, nicht die üblichen Zauderer und Zögerer!"

„Ich glaube nicht, dass wir das befürchten müssen." Der Bürgermeister lächelte. „Die Stadt Zwickau zum Beispiel entsendet einen Mann, der ganz gewiss kein Zauderer ist, sondern ein Mann der Tat, ein brillanter Redner, ein schöpferischer Geist, ein mutiger Kämpfer."

Er sah Blum voll ins Gesicht.

Der merkte, wie ihm plötzlich warm wurde unter seinem festlichen Frack, und wie in seinem Kopf eine Anzahl Bilder einander bedrängten.

Er sah sich in der Paulskirche auf dem Rednerpult stehen und beschwörend auf Hunderte von Männern einsprechen, er sah einen riesigen Platz, schwarz von Menschen, auf dem, umweht von schwarz-rot-goldenen Fahnen, Abgeordnete feierlich das vereinte deutsche Reich proklamierten. Ein Zimmerchen schob sich in den Vordergrund, mit drei Betten, in denen seine Kinder schliefen, dann das Wohnzimmer, in dem seine Frau saß und ihn mit besorgten Blicken musterte. Er sah Friese fiebernd auf seinem Krankenlager, dann wieder sich selbst hinter einem großen Schreibtisch, eine Gesetzesvorlage diktierend, den Männerchor, wie er aus voller Kehle sang: Einigkeit und Recht und Freiheit für das deutsche Vaterland …

„Es ist mir eine große Ehre, Herr Bürgermeister", sagte er mit fester Stimme, „die ich, wie es meine Pflicht gegenüber unserem deutschen Vaterland gebietet, selbstverständlich annehme."

Dass ihn Rex unter dem Tisch behutsam, aber hartnäckig anstieß, ignorierte er genauso, wie er alle Bedenken beiseiteschob. Sein Herz war von großer Dankbarkeit erfüllt. Er würde kämpfen dürfen für Deutschlands Einheit in Freiheit, in vorderster Front!

Erst auf dem nächtlichen Weg in ihren Gasthof wandte sich Blum an seinen jungen Gefährten. Was er ihm denn vorhin habe sagen wollen?

Der Junge, der dem herben Saalewein eifriger zugesprochen hatte als sein Förderer, nahm kein Blatt vor den Mund. „Sie wissen, was ich für einer war. Ich hab nix gehabt. Keen Zimmer, keen Bett, keene warme Mahlzeit. Aber dass ich nix hatte, das war nich das Schlimmste. Das Schlimmste war, dass ich nirgenswo hingehörte. Meine Mutter ist gestorben, wo ich zwölf war, und wie mein Vader heeßt, weeß ich ooch nich. Und deswegen finde ich: 'n Mann gehört nich in 'ne fremde Stadt, 'n Mann gehört zu die Familie."

„Der Familie", brummelte Blum, „es heißt zu der Familie."

„Ganz egal, wie's heeßt. Aber recht hab ich doch."

Nachdenklich schritt Blum eine Weile neben dem Jungen her.

„Wenn du", sagte er nach einer Weile, „in einem Dorf lebst und dort arbeitetest und dich abmühst, damit die Deinen und Du selbst ein Dach über dem Kopf haben und nicht hungern und frieren müssen, so bist du bestimmt ein ehrenwerter Mann, der alles tut, was man billig von ihm verlangen könnte. Wenn du aber hörst, dass – noch fern von deinem Dorf – Feinde sich nähern, die eines Tages auch die Freiheit deines Dorfs bedrohen, ist es dann nicht deine Pflicht, ihnen entgegenzugehen, Mauern zu bauen und die Feinde abzuwehren? Dafür zu sorgen, dass dein Dorf für alle Zeit frei und sicher bleibt?"

„Sie wissen immer was dagegen, Herr Blum. Dann … wie heeßt noch diese Stadt von der heute alle geredet ham?"

„Frankfurt."

„Dann gehen wir eben nach Frankfurt!"

„Du willst also mitfahren, obwohl du überzeugt bist, dass ich hier bleiben sollte?"

„Na klar komm ich mit. Ich hab doch keen Menschen außer Sie!"

Darüber war Blum so gerührt, dass er darauf verzichtete, Rex auf die Unterschiede zwischen Dativ und Akkusativ hinzuweisen.

Die Märzrevolution in den Ländern des Deutschen Bundes

Zwei Ereignisse beflügelten die *Märzrevolution* in Deutschland: Schon 1847 erkämpften sich liberale Schweizer Bürger einen freiheitlichen Bundesstaat mit einer Verfassung, die sich an die der Vereinigten Staaten von Amerika anlehnte. Im Februar 1848 erhoben sich dann in Paris die Bevölkerungsmassen gegen die Monarchie*. Zwar gab es damals in Frankreich bereits eine Verfassung, aber nur die Bürger durften wählen, die über ein bestimmtes Einkommen verfügten (Zensuswahlrecht). Außerdem weigerte sich die Regierung, soziale Reformen durchzuführen. Deshalb stürmten die Franzosen den königlichen Palast, zwangen den König zur Abdankung und riefen die Republik aus, also jene Staatsform, in der jeder Bürger die gleichen Rechte besaß (wobei dies allerdings auf die Männer beschränkt war.)

Wie in einer *Kettenreaktion* brachen daraufhin auch im Deutschen Bund Unruhen aus. Überall machten die Menschen ihrer Empörung über Ungerechtigkeiten Luft: In einigen Ländern Süddeutschlands protestierten Bauern wütend gegen die hohen Abgaben, die sie ihren Herrschaften zu leisten hatten, in etlichen Städten demonstrierten Arbeiter gegen niedrige Löhne und unzumutbare Arbeitsbedingungen. Überall kam es auch zu Gewaltaktionen, denen die Machthaber zunächst hilflos zusahen. Bemerkenswert ist, dass so viele unterschiedliche gesellschaftliche Gruppen sich an den Protesten beteiligten: Studenten, Arbeiter, Bauern, kleine

Handwerker, dazu Vertreter des Bürgertums, zum Beispiel Intellektuelle und Kaufleute, die so genannten *Liberalen*.

Der 20jährige Schlossergeselle Heinrich Glasewaldt und der 17-jährige Schlosserlehrling Ernst Zinna 1848 auf einer Berliner Barrikade im Straßenkampf, Federlithografie von Theodor Hosemann

Teile des wohlhabenden Bürgertums hatten allerdings große Vorbehalte gegen den Aufstand der *unteren Schichten*, weil sie fürchteten, selbst Opfer der Protestbewegung zu werden. Daher versuchten sie, einerseits die Arbeiter und Bauern für sich zu gewinnen und andererseits gegenüber den Regierungen des Adels kompromissbereit zu bleiben. Dieser Eiertanz führte dazu, dass wichtige Entscheidungen immer wieder hinausgeschoben wurden und dass oft genug gar nichts passierte.

Zunächst aber gab es Erfolge: Die Zensur wurde vielerorts abgeschafft, die Abgaben wurden reduziert, viele Liberale wurden in die Regierungen der Fürsten aufgenommen. Fast alle Fürsten versprachen, *Verfassungen* zu erlassen, das bedeutete vor allem, gewählte Parlamente zu akzeptieren, die das Recht hatten, Gesetze vorzuschlagen und zu verabschieden sowie die Staatsfinanzen zu kontrollieren.

Aufgrund dieses schnellen Nachgebens der Fürsten verlor nur ein einziger von ihnen seinen Thron, nämlich der bayerische König Ludwig I. Das alles geschah nicht freiwillig, sondern nur unter dem *Druck der Straße*. Von nun an warteten die Fürsten nur auf den Tag, an dem sie ihre verlorene Macht zurückerlangen würden.

Wie Robert Blum forderten viele fortschrittliche Politiker nicht nur die *Gewährung von Freiheitsrechten*, sondern auch die *Vereinigung aller deutschen Fürstentümer zu einem deutschen Reich*. Damit das auf demokratische Weise zustande kam, trafen sich in Frankfurt, dem Sitz des Deutschen Bundes, ausgewählte Männer, um die Wahl zu einem gesamtdeutschen Parlament (die „Nationalrepräsentanz") vorzubereiten. Am 18. Mai war es so weit: Das erste frei gewählte Parlament in der Geschichte Deutschlands trat mit 800 Abgeordneten in der *Frankfurter Paulskirche* zusammen.

Während das Paulskirchenparlament daran ging, eine Verfassung für den zukünftigen deutschen Nationalstaat auszuarbeiten, versuchten andere, die politischen Verhältnisse in Deutschland mit Gewalt zu ändern. Einer dieser radikalen Demokraten war der badische Revolutionär Friedrich Hecker (1811–1881), der ebenfalls Abgeordneter der Paulskirche war.

Das Hecker-Lied
(Verfasser unbekannt)

Dreiunddreißig Jahre (seit 1815!)
Währt die Knechtschaft schon,
nieder mit die Hunde
von der Reaktion!
Blut – Blut muss fließen
knüppelhageldick,
damit wollen wir begießen
die freie Republik.

Schmiert die Guillotine
mit der Pfaffen Fett,
schmeißt die Konkubine
aus des Fürsten Bett!
An den Darm des Pfaffen
hängt den Edelmann,
lasst ihn dran erschlaffen,
bis er nicht mehr kann!

Wenn euch die Leute fragen:
Lebet Hecker noch?
So sollt ihr ihnen sagen:
Ja, ja, er lebet noch.
Er hängt an keinem Baume,
er hängt an keinem Strick,
er hängt nur dem Traume
der freien Republik.

6. Entscheidung in Wien

Für Rex verliefen die nächsten Wochen und Monate wie ein langer schöner Traum.

Sie reisten mit Kutsche und Eisenbahn nach Frankfurt und wohnten dort in einem Gasthof, der nicht nur jeden Komfort, sondern auch vorzügliche Speisen und Getränke bot.

Zwischen den Sitzungen des Nationalparlaments gab es immer wieder freie Tage, die sie nutzten, um andere Städte zu besuchen.

Überall wurden sie mit Pomp, Jubel und überschwänglicher Gastfreundschaft empfangen, am schönsten aber war die Reise nach Köln.

Dort war Blum geboren, als Sohn eines Büttners*, ein armer Hund war er gewesen, nicht anders als Rex, auch wenn er sich nicht auf der Straße herumgetrieben, sondern die Nase lieber in die Bücher gesteckt hatte.

Jetzt kehrte er in seine Heimatstadt zurück, auf einem Dampfer, der mit Blumengirlanden geschmückt war. Böllerschüsse donnerten über sie hin, während sie durch die Fluten des Rheins glitten, und Tausende jubelnder, klatschender Menschen bereiteten dem berühmten Sohn ihrer Stadt einen begeisterten Empfang.

Als ihn Rex dort zu seinen Landsleuten das erste Mal sprechen hörte und sah, seine überschwängliche Gestik, seine leuchtenden Augen, von der Menge nicht nur geachtet, sondern geliebt und verehrt, da hatte er das Gefühl, Blum wäre in diesem Augenblick vollkommen glücklich, und am liebsten hätte er ihn für immer festgehalten.

Denn er bemerkte wohl, dass Blum die Aufmerksamkeit und Zuneigung der Menschen im Land genoss, dass er aber mit der Arbeit im Parlament alles andere als zufrieden war.

Zwar wurde er bei der eigentlichen Wahl mit außerordentlich hoher Stimmenzahl als Abgeordneter bestätigt und bald darauf sogar zu einem der Vizepräsidenten des Parlaments gewählt: doch Ämter allein genügten ihm nicht. Ihm war die Arbeit wichtiger – und vor allem der Erfolg.

Schon bald merkte er, dass viele Abgeordnete sich auf endlose Debatten einrichteten, um jede Kleinigkeit verhandeln, und, je nach Gesinnung, alle möglichen Nebensächlichkeiten in den Vordergrund stellen wollten.

Er aber war der festen Überzeugung, dass die Einheit Deutschlands nur mit einer starken Regierung zu verwirklichen wäre, mit einer Zentralgewalt, die sich überall durchsetzen konnte. Auf keinen Fall dürfe sie von einem König übernommen werden, wetterte Blum bei jeder Gelegenheit, sie müsse demokratisch gewählt werden, und zwar möglichst schnell.

Immer wieder beschwor er seine Kollegen, ihm zu folgen, mit all seiner Überzeugungskraft und seinem ganzen rhetorischen Talent.

„Sie kommen mir vor, meine Herren", schrie er ihnen einmal entgegen, „wie der unglückliche Prometheus*, der Riesenkräfte hat, sie aber nicht brauchen kann, weil er an einen Felsen geschmiedet ist. Nur hat Prometheus sich nicht selbst angekettet; das tun aber Sie meine Herren, weil sie ständig nur zweifeln, anstatt zu handeln!

Eine große, wichtige, ja, die größte und wichtigste Entscheidung ist von Ihnen zu fällen: Sie sind hierhergekommen, um dieses zerstückelte Deutschland in ein Ganzes zu verwandeln und ihm eine starke Rechtsbasis zu schaffen. Dafür aber braucht es eine starke Zentralgewalt, die Ihre Beschlüsse umsetzt in diesem neuen Deutschland! Hören Sie endlich auf zu zweifeln, entscheiden Sie endlich! Entscheiden Sie sich für eine demokratisch gewählte Zentralgewalt!"

Doch dieser und alle anderen Appelle bewirkten kaum etwas, im Gegenteil.

Blum spürte sogar, dass er Feinde gewann im Parlament, die seinen fortschrittlichen Kurs nicht wollten, sondern sich lieber mit den alten Kräften arrangierten.

Wütend und enttäuscht musste er mit ansehen, wie im Lauf der Monate das Parlament mehr und mehr Zeit mit Geschwätz vertat, wie Einheit und Freiheit für Deutschland in immer weitere Ferne rückten.

An einem Morgen im Oktober aber betrat er das Zimmer, das er gemeinsam mit Rex bewohnte, und schwenkte eine Zeitung.

„Es gibt noch Hoffnung!", rief er. „Wenn wir, das Parlament, schon nichts voranbringen, dann nimmt das Volk seine Geschicke selbst in die Hand! Hier, hör selbst! Die Wiener wehren sich gegen ihre Unterdrücker!"

Er begann zu lesen: „„Als die Wiener Garnison ausrücken sollte, um die Armee gegen die aufständischen Ungarn* zu verstärken, rotteten sich die Volksmassen zusammen; viele Soldaten liefen zum Volk über, der Kriegsminister Latour ist bei einem Scharmützel getötet worden …' Ich sage dir, Rex, siegt die Revolution in Wien, dann ist noch Hoffnung, dann beginnt sie von Neuem! In Wien entscheidet sich das Schicksal Deutschlands. Ich muss nach Wien!"

Mit allen Mitteln versuchte Rex, ihn davon abzubringen. Er scheute die weite Reise, er fürchtete und hasste den Kampf auf der Straße, von dem die Zeitungen täglich berichteten. Den Kampf auf der Straße, wenn auch nur im Kleinen, den kannte er und der hätte ihn fast das Leben gekostet.

Doch Blum beharrte auf seinem Vorhaben, so wie er immer durchsetzte, wovon er überzeugt war – und Rex blieb natürlich an seiner Seite.

Am 17. Oktober erreichten die beiden Wien, zusammen mit Blums Freund Julius Fröbel und zwei weiteren Abgeordneten, die alle wie Blum eifrige Vorkämpfer der Demokratie waren.

Sie schlossen sich den kämpfenden Arbeitern, Studenten und Bürgern an. Wochenlang trotzten sie der Belagerung der Stadt durch die kaiserlichen Truppen und hofften, dass der Kaiser, der schon längst geflohen war, irgendwann einlenken und einen Teil seiner Macht abgeben würde. Doch der dachte nicht daran, sondern räumte seinem General, dem Fürsten Windisch-Grätz, umfassende Vollmachten ein. Der Fürst zögerte nicht lange und machte Ernst. Am Nachmittag des 28. Oktober 1848 ließ er zum Sturm blasen; wenig später rückte schwere Artillerie gegen die Aufständischen vor.

Um diese Zeit stand Robert Blum mit Rex am Donaukanal, inmitten eines Haufens von Revolutionären. Sie alle sahen zu ihm auf, mit Gesichtern, in denen die Entschlossenheit die Furcht verdrängt hatte. Blum lächelte grimmig in sich hinein. Ja, zu ihm sahen sie auf, denn er, der Bücherfex, der Federfuchser, der Parlamentsabgeordnete, der bis vor Kurzem mit nichts gekämpft hatte als mit Worten, war seit drei Tagen ihr gewählter Hauptmann.

Und zugleich hatte er in diesen Tagen manchmal das Gefühl, in einem endlosen grauenhaften Albtraum gefangen zu sein, aus dem es kein Erwachen gab. Hatte er nicht die Menschen, die sich auf den Straßen versammelten, immer wieder beschworen, friedlich zu bleiben, Gewalt nicht mit Gewalt zu beantworten, Forderungen niemals mit Gewehren, sondern mit Argumenten durchzusetzen? Und jetzt stand er hier, mit Degen und Pistole bewaffnet, von Männern umgeben, von denen manch einer schon einen blutigen Verband trug, und hatte die Aufgabe, die Sophienbrücke gegen einen übermächtigen Feind zu verteidigen. Ausgerechnet die Sophienbrücke – die als ein vom Unheil verfolgter Ort galt, weil sie schon zweimal durch Hochwasser und Eis zerstört worden war. Würde sie heute zum dritten Mal in Trümmer gelegt?

Blum fuhr sich über die Augen, in denen der Schweiß brannte, und betrachtete angewidert die Spuren von feuchtem Schmutz auf seiner Hand. Noch jetzt verabscheute er die Gewalt. Noch jetzt wurde ihm übel bei dem Gedanken, dass sein Degen blutige Wunden schlagen, dass die Kugeln aus seiner Pistole töten könnten. Aber er hatte keinen anderen Weg mehr gesehen, um das Ziel, ein gerechtes, freies und einiges Vaterland für alle Deutschen, doch noch zu erreichen.

Oh, wie er die meisten Abgeordneten zuletzt verachtet hatte, ihr hohles Geschwätz, ihre Selbstgefälligkeit, wenn sie ihren kleinlichen Standpunkt durchgesetzt und einen Kompromiss verhindert hatten! Wie er der Reden überdrüssig geworden war, bei denen nichts herauskam! Wie hatte er allmählich die Fürsten gehasst, die, während die Abgeordneten sich verzettelten mit ihren lächerlichen Debatten, ein Versprechen nach dem anderen gebrochen, ein Zugeständnis nach dem anderen zurückgenommen hatten.

Nein, er, der Abgeordnete Blum, war kein gewalttätiger Mensch, nur ein entschlossener, der sich nicht auf der Nase herumtanzen ließ.

Fernes Grollen riss Blum aus seinen Gedanken. Kanonenschüsse! Er spähte angestrengt nach Osten, aber er konnte nichts erkennen. Verfluchte Kurzsichtigkeit!

„Rex, siehst du etwas?"

„Nich viel, Herr Blum, 'ne große Rauchwolke, sonst nüscht!" Wieder grollte der ferne Donner.

Blum seufzte und versuchte, die aufsteigende Verzweiflung niederzuringen. 18- und 24-Pfünder gegen Gewehre, Pistolen, Degen und Spieße! Was nutzten da die armseligen Barrikaden, die sie aufgebaut hatten, aus mit Erde gefüllten Fässern, Balken, Pflastersteinen und Matratzen, aus ein paar umgestürzten Chaisen und den Trümmern eines verfallenen Hauses in der Nähe. Er hatte so sehr gehofft, dass der Kaiser angesichts des Aufstandes einlenken würde, aber Windisch-Graetz und Schwarzenberg, die verdammten Scharfmacher, hatten ihn offenbar umgestimmt. Er riskierte tatsächlich, dass seine eigene Stadt in Schutt und Asche gelegt wurde. Lauter und lauter wurde das dumpfe Grollen der Geschütze.

Irgendwo in der Nähe war schon das scharfe Jaulen einer heranfliegenden Kugel zu hören, gefolgt vom Krachen des Einschlags und dem Geprassel einstürzender Mauern.

„Ja, kommt nur!", schrie einer der Männer, ein Halbwüchsiger, dessen Stimme kippte vor lauter Aufregung. „Wir werden schon noch mehr von euch latourisieren*! Kommt nur näher, ihr Feiglinge! Wir werden euch in Stücke hauen!"

Blum hätte fast aufgelacht. Kommt nur näher? Niemand würde so nah kommen, dass ihre armseligen Waffen ihn erreichten. Ganz kommod würde der Feind sie aus der Ferne in Stücke schießen.

Blum packte den Degen so fest, dass die Hand ihn schmerzte. Er war der Befehlshaber dieses Haufens. Was sollte er tun?

Dann waren sie da. Unerreichbar für Pistolen, vielleicht gerade noch in Schussweite eines erstklassigen Gewehrs, gingen vier schwere Geschütze in Stellung. Und schon raste die erste Kugel heran, riss eine Bresche in die Barrikade. Die zweite prallte an eine Kette der Brücke, das entsetzliche Kreischen, als Eisen auf Eisen traf, ging den Männern durch Mark und Bein. Die dritte überflog die Barrikade und tötete zwei Männer auf der Stelle.

Blum stand da, reglos, ungedeckt, die Hand fest um den Griff des Degens gekrallt. Er trug die Verantwortung. Was sollte er tun? Kugel auf Kugel flog. Fast jeder fielen ein paar Kämpfer zum Opfer.

„Männer, hört her!" Blums Stimme war nur ein heiseres Krächzen. Er räusperte sich. „Hört her!" Ein paar wurden aufmerksam. „Gebt den Befehl weiter! Sofort zurückziehen, es gibt sonst ein Blutbad!"

Ein Geschoss schlug in eine Gruppe von Aufständischen ein, die in seiner Nähe standen. Würgend wandte er sich ab, als er die Reste dessen sah, was einmal der Leib eines Menschen gewesen war. Wo war Rex, um

Himmels willen, wo war Rex? Er sah sich um und entdeckte den Jungen, der einem Verwundeten half, auf den Knien, Gott sei Dank, so deckte ihn die Barrikade. Was Blums Befehl vielleicht nicht bewirkte, erreichte die verheerende Wirkung der Geschosse. Die Männer begannen zurückzuweichen. Sie alle waren tapfer, aber was kann ein Mensch gegen 24-Pfünder ausrichten?

Langsam, jede Deckung ausnutzend, zogen sie sich zurück, nahmen die Verwundeten mit sich, bis sie aus der Reichweite der tödlichen Kugeln waren. Dann sammelten sie sich. Ein Drittel von Blums Kompanie war tot, 20 weitere waren verwundet, während die Angreifer wahrscheinlich nicht eine einzige Kugel abbekommen hatten.

Heute Abend noch würde Wien fallen. Blum wusste es, ohne noch einen weiteren Bericht gehört zu haben. Und damit war die Revolution endgültig gescheitert.

Zutiefst niedergeschlagen betrat er einige Stunden später mit einigen Vertrauten, unter ihnen Fröbel, der an anderer Stelle gekämpft hatte, den Gasthof „Zur Stadt London": Er hatte einen Arm um die schmalen Schultern des Jungen gelegt, der die Enttäuschung seines Beschützers spürte und ihn aufzuheitern versuchte.

„Wartense nur, Herr Blum, bis wir wieder heeme nach Sachsen kommen. Da hamse doch alles erreicht, da schreit wieder jeder Hurra, wenn er Sie sieht!"

Blum schüttelte traurig den Kopf. „Nee, mein guter Rex, auch bei uns zu Hause hat dein großer Namensvetter bestimmt schon wieder alles vergessen, was er versprochen hat – im Schutz seiner Gewehre und Kanonen. Die eitlen Dummköpfe in Frankfurt haben alles verspielt und verschwätzt, und was noch an Hoffnung blieb, das haben die Kanonen des Fürsten von Windisch-Graetz zertrümmert."

Fröbel strich sich über den mächtigen schwarzen Bart. „Wir haben eine Schlacht verloren, nicht aber den Krieg, lieber Blum. Vielleicht ging zunächst alles zu schnell, zu glatt. Waren Sie nicht auch erstaunt, dass die Fürsten sich von der Stimmung des Augenblicks überrumpeln ließen? Jetzt haben sie an allen Ecken zurückgeschlagen und damit ihre Privilegien noch einmal gerettet. Das ändert aber nichts daran, dass ihre Zeit vorüber ist. Haben Sie Geduld, lieber Blum!"

„Ich wollte, ich könnte Ihren Optimismus teilen, Fröbel. Aber ich habe so eine Ahnung – bitte nennen Sie mich nicht abergläubisch – , als ob das, wovon wir alle geträumt haben, ein bloßer Traum bleiben wird."

In der Gaststube, in der etliche ihrer Kameraden schon vor ihrem Bier hockten, setzten sie sich an einen freien Tisch. Mit grimmigem Lächeln bemerkte Blum, dass der Wirt die große schwarz-rot-goldene Fahne über der Theke entfernt hatte. Morgen wird er wieder ein Schild mit Lorbeerkranz aufhängen, mit der Aufschrift, dass ein Neffe des Kaisers bei ihm einmal das Pissoir benutzt hat, dachte er, halb erbost, halb erheitert.

Als der Wirt wenig später drei große Krüge servierte, fragte er ihn: „Wo haben Sie denn Ihre schöne Fahne gelassen, Herr Wirt?"

Wenn er geglaubt hatte, der Mann würde sich vielleicht beschämt um eine Antwort drücken, so hatte er sich getäuscht. „Zeiten ändern sich eben, Herr von Blum", sagte er gelassen. „Ob die Herren Revolutionäre oder die Herren Offiziere mein Bier trinken, is mir eh Wurscht. Bloß wann's kaaner trinkt, dann geh i zugrund."

Blum zuckte die Achseln. Aus seiner beschränkten Sicht mochte der Mann sogar recht haben. Trotzdem – auch an dieser Haltung war die Revolution gescheitert und so fühlte er sich in diesem Moment verraten von denen, für die er gekämpft hatte.

Die Schwächen des Parlaments

Blums Kritik am Frankfurter Nationalparlament war berechtigt. Kaum einer der Abgeordneten hatte politische Erfahrung, es gab keine Verwaltung, die alle Arbeitsabläufe organisierte und koordinierte. Dementsprechend verliefen auch die Debatten zum Teil chaotisch, jeder redete, worüber es ihm gerade gefiel.

Dabei galt es, in kürzester Zeit gleich *zwei große Aufgaben* zu bewältigen: Zum einen musste ein deutscher Nationalstaat geschaffen werden. Welche Grenzen sollte er haben? Wer sollte ihn regieren, also die *„Zentralgewalt"* innehaben? Nach welchen Grundregeln sollte er das tun? Zum anderen sollte diesem neuen Staat eine Verfassung gegeben werden, mit der die Unterdrückung durch den Adel beendet und den Bürgern politische und wirtschaftliche Freiheit garantiert wurde.

Die Lösung beider Aufgaben in kurzer Zeit war kaum zu schaffen. Manche Historiker sind – wie Blum – heute der Meinung, die Abgeordneten hätten sofort eine „Zentralgewalt" bestimmen sollen: Wenn sich eine energische Regierung schnell um die Schaffung eines geeinten Deutschland gekümmert hätte, wäre die Revolution vielleicht erfolgreich gewesen. Stattdessen diskutierten die Abgeordneten lange über Verfassung und wichtige Grundrechte (Freiheit des Einzelnen, Gleichheit vor dem Gesetz, Religionsfreiheit usw.). Das ist verständlich, weil ihnen die lange Unterdrückung durch die Fürstenherrschaft noch in den Knochen steckte. Aber die alten Mächte, die von der Revolution überrumpelt waren, hatten auf diese Weise Zeit, neue Kräfte zu sammeln.

Robert Blum spricht in einer Debatte in der Frankfurter Nationalversammlung; Gemälde von Ludwig von Elliott, Juni 1848

Außerdem waren die Abgeordneten untereinander uneinig. Manche wollten die Monarchien beibehalten bzw. nur den reichen und gebildeten Bürgern Mitspracherechte einräumen, andere, wie Blum, kämpften für die *Demokratie*, in der alle gleich waren. Und schließlich stritten sie auch lange und heftig über *die Grenzen des neuen Deutschland*: Wer sollte dazugehören, wer nicht?

Die vielen Konflikte führten dazu, dass die Paulskirche am Ende gar keine Entscheidungen traf. Die Revolution stand am Scheidepunkt: Während die Abgeordneten in Frankfurt weiter diskutierten, holten die *Fürsten zum Gegenschlag* aus. Als Blum daher hörte, dass es in Wien neue Aufstände gegeben hatte, eilte er in der Hoffnung dahin, dass von dort aus die Revolution noch zu retten wäre.

Georg Weerth (1822–1856)
Das Hungerlied

Verehrter Herr und König,
weißt du die schlimme Geschicht'?
Am Montag aßen wir wenig,
und am Dienstag aßen wir nicht.

Und am Mittwoch mussten wir darben,
und am Donnerstag litten wir Not;
und ach, am Freitag starben
wir fast den Hungertod!

Drum lass am Samstag backen
das Brot, fein säuberlich -
Sonst werden wir sonntags packen
und fressen, o König, dich!

7. Fürstenwillkür

Sie saßen eine Weile schweigend da, tranken ihr Bier und hingen ihren Gedanken nach. Ein paar Wohlmeinende hatten Blum und Fröbel geraten, schleunigst die Stadt zu verlassen, aber sie hatten abgelehnt. „Wir sind gewählte Abgeordnete und genießen Immunität", hatte Blum gesagt. „Man wird uns vielleicht verhaften und befragen, aber man wird uns nichts tun."

So war er weder erstaunt noch sonderlich beunruhigt, als draußen Pferdegetrappel hörbar wurde. Gleich darauf polterten Stiefel, schepperte Metall, knallten Türen, bellten Kommandos. Dann drängten Soldaten in die Wirtsstube.

Die Männer sprangen von ihren Bänken, manch einer fasste an den Gürtel, da brüllte ein Wachtmeister, der an der Tür Position bezogen hatte: „Wer Widerstand leistet oder zur Waffe greift, wird ohne Gnade erschossen! Niemand rührt sich! Alle bleiben auf ihren Plätzen!"

Angesichts der Übermacht und der drohenden Seitengewehre* ließen sich die Männer wieder auf ihre Bänke gleiten, die Fäuste in ohnmächtiger, hilfloser Wut geballt.

„Jeder einzelne geht jetzt ins Freie, hübsch der Reihe nach, die Hände hinter dem Kopf!"

Murrend und fluchend gehorchten die Männer. Bald standen alle in einer Reihe vor dem Wirtshaus, bewacht von den Soldaten, die ihre geladenen Gewehre auf sie gerichtet hatten.

Blum fürchtete weder für sich noch für Fröbel etwas. Doch was war mit den anderen? – Und vor allem: Wie konnte er seinen jungen Gefährten schützen?

Rex funkelte die Soldaten so angriffslustig an, dass Blum beinahe gelächelt hätte, wäre die Situation nicht so ernst gewesen. Er kam nicht dazu, weiter über sein und der anderen Los nachzudenken, denn ein junger Leutnant baute sich vor ihm auf und legte höflich die Hand an die Mütze.

„Herr Robert Blum? Herr Julius Fröbel?"

Beide Männer nickten schweigend.

„Im Namen Seiner Majestät des Kaisers bzw. Seiner Durchlaucht, des Fürsten von Schwarzenberg erklär' ich Sie für verhaftet. Ich habe den Auftrag, Sie in die Garnison zu verbringen. Dort werden S' alles Weitere erfahrn."

„Was wird uns denn zur Last gelegt?", erkundigte sich Fröbel.

Der Offizier zuckte die Achseln. „Ich weiß nichts Näheres."

„Aber wir sind Abgeordnete des deutschen Nationalparlaments!", empörte sich Blum. „Man darf uns nicht verhaften!"

„Ob's im Moment grad viel Sinn hat, sich auf ein Parlament zu berufen, weiß ich nicht." Der Leutnant lächelte sarkastisch. „Aber schaun S', meine Herren, ich tu eh nur meine Pflicht. Machen S' kaane Umständ, gehen S' mit, dann werden S' schon sehn, was mit Ihnen gschieht!"

„Aber der Junge da." Blum deutete auf Rex. „Der hat mit all dem nichts zu schaffen, er ist mein Gehilfe und Bote, nichts weiter. Lassen Sie wenigstens ihn ungeschoren, er ist ja noch ein halbes Kind!"

Der Offizier überlegte einen Augenblick. „Meinetwegen", sagte er dann. „Also, schleich dich, Bürscherl!"

Rex wollte zornig auffahren, aber Blum packte ihn fest bei der Schulter. „Tu, was er sagt!" Er griff in die Tasche und zog einige Münzen heraus. „Hier, damit kannst du im Gasthof wohnen bleiben, bis ich wiederkomme. Es wird sicher höchstens ein paar Tage dauern."

Der Junge blieb gehorsam zurück. Was aber weder Blum noch die Soldaten bemerkten, war, dass er ihnen nach einer Weile vorsichtig hinterher schlich.

Blum und Fröbel wurden zu einem Brunnen in der Nähe des Gasthofs geführt, an dem etliche Pferde angebunden waren. Auch eine geschlossene Kutsche stand dort abfahrbereit.

„Darf ich bitten, meine Herren?" Der Leutnant öffnete ihnen zuvorkommend den Schlag. „Da, steigen S' nur ein, meine Herren, machen S' es Ihnen bequem! Sie sehn, wie nobel Seine Durchlaucht mit Ihnen umgeht! Es wird Ihnen scho nix gschehn!"

Blum ließ sich in die Polster sinken und entspannte sich. Vielleicht ließ sich aus ihrer Verhaftung ordentlich

Kapital schlagen. Ein öffentlicher Prozess, bei dem er, Blum, sich verteidigen und eine Philippika* gegen die Monarchie halten konnte, mochte ihrer Bewegung mehr nutzen als ein Gefecht.

Dennoch – tief in seinem Inneren zuckte und brannte eine kleine Flamme des Unbehagens. Fürst Schwarzenberg, der österreichische Ministerpräsident persönlich, hatte ihre Verhaftung befohlen? Was hatte es zu bedeuten, dass man Fröbel und ihn so wichtig nahm?

Nach kurzer Fahrzeit, während der die beiden Männer schweigend nebeneinander gesessen hatten, rumpelten die eisenbeschlagenen Räder der Kutsche über das Pflaster des Kasernenhofs. Die Wachen saßen ab, der Schlag wurde geöffnet, Blum und Fröbel kletterte hinaus. Kaum hatten sie Zeit, ein Wort des Abschieds und der Zuversicht zu wechseln, da wurden sie beide schon getrennt und von je zwei Soldaten abgeführt.

Augenblicke später saß Blum allein in einer vergitterten Zelle und wartete, dass man ihn zum angekündigten Verhör führte.

An einer unbewachten Stelle des Geländes war Rex über den Zaun geklettert, nachdem er beobachtet hatte, wie sein väterlicher Freund auf das Kasernengelände gebracht worden war. Er verbarg sich hinter einem Schuppen und wartete ab. Falls man Blum bald wieder freilassen würde – umso besser. Falls nicht, würde er etwas unternehmen, irgendetwas, auch wenn er noch keine Ahnung hatte, was das sein könnte. Doch seine Geduld wurde auf eine harte Probe gestellt, denn bis auf einen müden Zug, der nach beendetem Wachdienst ohne Tritt in sein Quartier schlurfte, rührte sich auf dem Kasernengelände nichts.

Blum hockte unterdessen auf seiner eisernen Bettstatt, den Kopf in die Hände gestützt, und döste vor sich hin. Noch immer machte er sich keine Sorgen. Er war gewählter Abgeordneter und hatte nichts weiter verbrochen, als in den Kämpfen um Wien Partei zu ergreifen. Eine ehrenwerte Sache, für die ihm bislang jedermann Respekt gezollt hatte.

Nach einigen Stunden jedoch gewann seine Ungeduld die Oberhand, und er wurde zornig.

So sprang er, als endlich der eiserne Riegel seiner Kerkertür zurückgeschoben wurde, auf. Ein Wachtmeister betrat die Zelle, der ein Tablett in der Hand balancierte. „Was ist das für ein Benehmen gegenüber einem Vertreter des Nationalparlaments? Ich verlange, wieder freigelassen zu werden!", schimpfte er.

Auch dieser Uniformierte war keineswegs unhöflich. Er zuckte nur bedauernd die Schultern und meinte: „Ich habe Befehl, Ihnen zu essen und zu trinken zu bringen, sowie alles, was sie brauchen, um etwaige Korrespondenz zu erledigen. Mehr kann und darf ich Ihnen nicht sagen."

Er stellte das Tablett neben Blum auf dem Bett ab; wirklich befanden sich Speisen, Wasserkrug, eine Flasche Wein, Geschirr, dazu Feder, Tinte, Papier und Streusandbüchse darauf. Auch eine Lampe und Schwefelhölzer fehlten nicht.

Als sich der Mann wieder entfernen wollte, hielt Blum ihn auf. „Wie lange wird es dauern? Was ist mit Fröbel? Würden Sie Briefe von mir tatsächlich befördern?"

Der Mann nickte. „So wurde mir befohlen. Alle Briefe werden unzensiert versandt. Ihrem ‚Kollegen'", er betonte das Wort ein wenig abfällig, „geht es gut – wie Ihnen. Und was die Länge Ihres Aufenthalts betrifft – ich bin ein einfacher Wachtmeister. Was die hohen Herren mit Ihnen vorhaben, darüber weiß ich nichts."

Er nickte zum Abschied mit dem Kopf, und verließ die Zelle. Krachend sprang die Tür ins Schloss, der Riegel wurde vorgeschoben, das Schloss eingehängt, Blum war wieder allein.

Aber das schreckte ihn nicht weiter. Mit gutem Appetit aß er die Speisen und trank ein paar Gläser Wein – auf Kosten des Kaisers, dachte er mit grimmigem Humor. Anschließend schrieb er einige Briefe: an Freunde, die er ermahnte, in ihrem Eifer im Kampf um Freiheit und Einheit nicht nachzulassen und sich von Rückschlägen nicht entmutigen zu lassen, und einen an seine Frau:

Es wird wohl eine Weile dauern, liebes Weib, denn sie haben so viele Aufständische eingefangen, dass sie allein Tage brauchen werden, bis sie alle Namen wissen. Aber mach dir keine

Sorgen, man behandelt mich sehr anständig und trägt Sorge,
dass es mir an nichts fehlt. Ebenso, vermute ich, wird es auch
Fröbel ergehen. Was mich einzig und allein bekümmert, ist
unser kleiner Rex. Hoffentlich macht er nichts Unbedachtes,
während ich hier festsitze und ihm aus keiner misslichen La-
ge heraushelfen kann.

Nachdem er seine Schreiben verfasst und die Flasche
Wein geleert hatte, hüllte er sich in eine Decke und
streckte sich auf seiner Pritsche aus. Eine Weile dachte
er noch an seinen Schützling, hoffte, dass der sicher und
warm in seinem Bett im Gasthof „Zur Stadt London" lä-
ge, und schlief ein.

Der, um den er sich Sorgen gemacht hatte, lag keineswegs in seinem weichen Bett im Gasthof. Stattdessen
hockte er noch immer hinter dem Schuppen auf dem
Kasernengelände und fror erbärmlich. Endlich, als es
stockfinster geworden und die Pfütze zu seinen Füßen
mit einer dünnen Eisschicht überzogen war, rappelte er
sich auf und kroch mühsam über den Zaun.

Am nächsten Morgen, nahm er sich vor, wollte er
wiederkommen, besser gerüstet: Mit vollem Bauch, einem warmen Mantel und einem ordentlichen Wachol-
derschnaps in der Tasche. Müde und durchfroren schlich
er in Richtung Innenstadt. Doch er war kaum ein paar
hundert Schritt gelaufen, als er stehen blieb und sich
schleunigst in einen dunklen Hauseingang drückte: die

Umrisse zweier Männer, blakende Lichter, blinkende Seitengewehre!

Rex umging die Gefahr, indem er über den Hof des Hauses in den Garten eindrang, von dort in den nächsten und übernächsten. Atemlos und bis zu den Knien nass und schmutzig kam er zurück auf die Straße – der Posten lag hinter ihm.

Eine Zeit lang kam er ungestört voran, dann stieß er auf die nächste Wache: Zwei Männer, schwer bewaffnet, Laternen in den Händen. Wieder musste er sie mühsam umgehen.

Sonst waren die Straßen und Gassen menschenleer. Das Besatzungskommando hatte offenbar eine Ausgangssperre verhängt, und jeder, der sich nicht daran hielt, mussten den Wachen direkt in die Hände laufen, wenn er nicht höllisch aufpasste und Schleich- und Umwege in Kauf nahm. Rex freilich war es gewöhnt, der Obrigkeit aus dem Weg zu gehen, und er besaß einen untrüglichen Orientierungssinn.

So gelangte er schließlich, müde und verdreckt, aber wohlbehalten, zurück zum Gasthof.

Der Wirt schaute ihn zwar schräg an und wollte ihm wohl gerade bedeuten, dass er seine Kammer leider habe anderweitig vermieten müssen – aber als Rex ein warmes Abendessen bestellte und dabei seine Barschaft sehen ließ, zuckte der Wirt nur die Achseln. Gast war Gast, Gulden war Gulden, und die Politik ging ihn nichts an. So lag auch Rex endlich in seinem Bett und schlief, in der Hoffnung, seinen Freund und Beschützer bald wieder zu sehen, tief und fest.

Blums Geduld, mit der es ohnehin nicht weit her war, wurde auf eine harte Probe gestellt, zumal man ihm zwar das Schreibzeug beließ, ihm aber jede Zeitung verweigerte. Am Mittag des vierten Tags nach seiner Verhaftung endlich, als seine bisherige Gelassenheit in nackte, hilflose Wut umzuschlagen drohte, verkündete der Wachtmeister, nachdem er ihm sein Essen gebracht hatte: „Nachher is' soweit, Herr Blum. Richten S' Ihnen a bisserl her, der Herr Oberst liebt es korrekt."

Ein Oberst? Was hatte das zu bedeuten? Vor ein Gericht wollten sie ihn dann ja wohl nicht stellen. Schade, er hatte sich sein flammendes Plädoyer für Freiheit und Einheit schon zurecht gelegt.

Wollten sie ihn am Ende als Spion anwerben? Die Vorstellung erheiterte ihn, als er sich in dem kleinen Rasierspiegel, den man ihm gebracht hatte, musterte.

Wie ein Gefangener sah er nicht aus; übermüdet und angestrengt war er hierher gekommen, jetzt, nach vier Tagen Haft mit reichlich Schlaf und gutem Essen, blickte ihm ein glattes, rundliches Gesicht entgegen.

Er wusch sich Gesicht und Hände, schnitt seinen Bart, fuhr sich durch die Locken und wartete, nunmehr deutlich gelassener, dass man ihn holte.

Wenig später kam eine Wache von zwei Mann, nahm ihn zwischen sich und geleitete ihn in einen großen Raum. An dessen Rückwand hingen ein großes Kruzifix und das Portrait des Kaisers Ferdinand sowie des jungen designierten Thronfolgers Franz Joseph. Davor, an einem langen Tisch aus schwerem, dunklem Holz, saßen drei Offiziere, ein Oberst und zwei Rittmeister der Infanterie in großer Uniform, daneben zwei Unteroffiziere mit Federn und einem Stapel Papier vor sich. Kein Zivilist war zu sehen.

Blum wurde es unbehaglich zumute. Ein Standgericht*, dachte er, das sieht aus wie ein Standgericht. Aber das hieße ja, das Recht mit Füßen treten!

Er trat vor und richtete seinen Blick fest auf den Obristen.

„Herr Oberst, ich weise darauf hin, dass nach dem Gesetz vom September 1848, das auch die österreichische Regierung anerkannt hat, meine Immunität als Abgeordneter des Nationalparlaments garantiert ist!"

Der Oberst blätterte gelangweilt in den Papieren, die vor ihm lagen, und würdigte ihn keiner Antwort.

Blum wurde zornig. „Gehört ungehobeltes Benehmen zu den Eigenschaften eines österreichischen Offiziers?"

Der Oberst warf ihm einen wütenden Blick zu, beschloss dann aber, weiter den Gelangweilten zu spielen. Er gähnte, klemmte sich sein Monokel ins rechte Auge und sagte dann näselnd und mit geradezu beleidigender Herablassung: „Wissen S' was, Herr Abgeordneter", er betonte das Wort so, dass es geradezu lächerlich klang,

„Seine Majestät der Kaiser befolgt keine Gesetze, er ist das Gesetz. Deshalb können S' des Stückerl Papier, auf das Sie sich berufen, getrost vergessen."

Wieder gähnte er ausgiebig und wandte sich dann an seine Beisitzer. „Fangts S' an, meine Herren!"

Blum wollte aufbegehren, wollte leidenschaftlich einreden auf diesen blasierten österreichischen Hohlschädel, aber er ließ es bleiben. Was hätte er dem Kerl über Menschenrechte, über Demokratie, Freiheit und deutsche Einheit erzählen sollen? Es wäre doch alles vergeblich.

So beantwortete er geduldig die Fragen der beiden Rittmeister und achtete freundlich darauf, dass die Protokollanten auch mitkamen. Wer er sei, wo er herkomme, was ihn nach Wien geführt habe, und so weiter.

Gerade hatte Blum berichtet, dass er zum Hauptmann einer Kompanie gewählt und dazu ausersehen worden war, die Sophienbrücke gegen die heranrückenden kaiserlichen Truppen zu verteidigen, da bedeutete der Oberst den Adjutanten zu schweigen und setzte das Verhör selbst fort.

„Ihre seltsamen Ideale, Blum, von der Herrschaft des Volkes und der deutschen Einheit, die wollten S' also mit der Waffe in der Hand durchsetzen?"

Blum wählte jedes seiner Worte sorgfältig. „Ich habe mich immer für eine friedliche Umsetzung meiner Ziele eingesetzt. Aber Ihr Kaiser hat alle gegebenen Versprechen gebrochen und sich damit ins Unrecht gesetzt. So hat er die Gewalt geradezu herausgefordert."

Der Oberst ging darauf nicht ein. „Seine Exzellenz, der Kriegsminister, Graf Baillet von Latour, ist vom entfesselten Pöbel niedergemetzelt worden. Sie, Blum, haben darauf gesagt, es gehörten noch ein paar Hundert mehr ,latourisiert'. Ist Ihnen bewusst, was dieser Satz bedeutet?"

Ihre Spione taugen nichts, Oberst", erwiderte Blum grimmig. „Das habe ich nie gesagt."

Der Oberst nickte gedankenverloren. Ein seltsamer Mann, dieser dickliche Buchhändler aus Leipzig. Demokratie! Eine abstruse Idee, gegen jede göttliche Ordnung! Aber Mut hatte er ohne Zweifel. Fast hätte er so etwas wie Sympathie für ihn empfunden, freilich nur fast.

Er starrte auf das Blatt, das vor ihm lag. Es war die Abschrift eines Briefs, den Ministerpräsident von Schwarzenberg an den General Windisch-Grätz geschrieben hatte: „Blum bleibt Dir zur freien Disposition überlassen und verdient alles." Was hatte der Mann angestellt, dass er sich so mächtige Männer zu Feinden gemacht hatte? Es sah nicht gut aus für den Demokraten Blum, gar nicht gut.

Der Oberst schob seine Papiere zu einem ordentlichen Viereck zusammen, nahm das Monokel aus dem Auge und erklärte das Verhör für beendet.

Dann ließ er Blum in seine Zelle zurückbringen.

Das Scheitern der Revolution

Die Idee, eine vereinte deutsche Nation zu schaffen, scheiterte zum Schluss vor allem an Österreich. Die „Donaumonarchie" bestand nicht nur aus deutschsprachigen Ländern, auch Ungarn und verschiedene slawische Gebiete gehörten zu diesem „Vielvölkerstaat". Was sollte mit ihnen geschehen, wenn die deutschsprachigen Teile Österreichs in das neue Deutschland eingefügt würden? Für den jungen Kaiser Franz Joseph (1830–1916) und seinen Ministerpräsidenten Schwarzenberg war außerdem klar: Der österreichische Gesamtstaat sollte nicht nur als *Monarchie von Gottes Gnaden** erhalten bleiben, sondern auch alle deutschsprachigen Länder einbeziehen.

Das war mit den Plänen des Parlaments natürlich unvereinbar. So griffen die Abgeordneten der Paulskirche zu einer Notlösung: kein *„großdeutsches Reich"* mit Österreich, sondern ein *„kleindeutsches"* unter der Führung Preußens sollte gegründet werden – als Monarchie (wenn auch mit gewissen Zugeständnissen an die Bürger).

Als jedoch das Nationalparlament den preußischen König im März 1849 zum deutschen Kaiser wählte, kam es zur Katastrophe: Der *preußische König* lehnte die Krone ab. Diese sei aus „Dreck … gebacken" und „mit dem Ludergeruch der Revolution behaftet".

Damit war die Revolution von 1848 endgültig gescheitert, die von Robert Blum erträumte *Einheit in Freiheit* kam nicht zustande. Viele Abgeordnete traten aus dem Parlament aus, der klägliche Rest verlegte den Parlamentssitz nach Stuttgart, wo die letzten hundert demokratisch gewählten Abgeordneten im Juni 1849 von Soldaten auseinandergetrieben und verjagt wurden.

Erst 23 Jahre später kam es zur Gründung eines einigen deutschen Reichs. Aber von einer Volksherrschaft, wie Robert Blum sie verstand, war dabei keine Rede mehr.

„Rundgemälde von Europa im August 1849": Die Monarchien haben überall gesiegt. Karikatur von Ferdinand Schröder, einem Abgeordneten der Frankfurter Paulskirche

Schwarz-Rot-Gold (Auszug)
von Ferdinand Freiligrath (1810–1876), 1848

In Kümmernis und Dunkelheit,
da mussten wir sie bergen!
Nun haben wir sie doch befreit,
befreit aus ihren Särgen!
Ha, wie das blitzt und rauscht und rollt!
Hurra, du Schwarz, du Rot, du Gold!
Pulver ist schwarz,
Blut ist rot,
golden flackert die Flamme!

Das ist das alte Reichspanier,
das sind die alten Farben!
Darunter hau'n und holen wir
Uns bald wohl junge Narben!
Denn erst der Anfang ist gemacht.
Noch steht bevor die letzte Schlacht!
Pulver ist schwarz,
Blut ist rot,
golden flackert die Flamme!

Das ist noch lang die Freiheit nicht,
sein Recht als Gnade nehmen
von Buben, die zu Recht und Pflicht
aus Furcht nur sich bequemen!
Auch nicht, daß, die ihr gründlich haßt,
ihr dennoch auf den Thronen lasst!
Pulver ist schwarz,
Blut ist rot,
golden flackert die Flamme!

Die Freiheit ist die Nation,
ist aller gleich Gebieten! (gleiche Macht aller)
Die Freiheit ist die Auktion (Versteigerung)
von dreißig Fürstenhüten!
Die Freiheit ist die Republik!
Und abermals: die Republik!
Pulver ist schwarz,
Blut ist rot,
golden flackert die Flamme!

8. Das Ende

8. November 1848, acht Uhr abends

Rex schwankte zwischen Ratlosigkeit und Verzweiflung. Tag für Tag war er zur Kaserne gelaufen, hatte sich den ganzen Tag dort herumgetrieben, bis in die Nacht hinein gewartet und sich dann an den nächtlichen Wachen vorbei zurück in den Gasthof geschlichen.

Nichts hatte er herausgefunden, keine Spur von Blum entdeckt. Auch heute war es nicht anders gewesen.

Dabei hatte er sich heute ein Herz gefasst und jeden gefragt, der die Kaserne verlassen hatte, ob er nichts über das Schicksal seines Freundes Robert Blum wüsste. Alle möglichen Antworten hatte er bekommen: „Der is dein Freund? Des würd' ich lieber net so herausschrein!" „Blum? Wer soll des sein? A Gfangener? Des is a Kasern', kaa Gfängnis!"

Wenn er nachgebohrt, Blum genau beschrieben hatte, war er stets auf eine Mauer des Schweigens gestoßen. Mehr als einmal waren ihm Prügel angedroht worden. Einmal nur hatte ihm einer, ein ganz junger Kerl noch, zugeraunt: „Sag' niemand, dass du ihn kennst. Am besten, du haust ab von hier, so schnell du kannst. Sonst geht's dir noch selbst an den Kragen."

Aber etwas wirklich Brauchbares hatte er nicht erfahren.

Als er vor einer halben Stunde müde und entmutigt in den Gasthof zurückgekehrt war, hatte ihn der Wirt aufgehalten. „Hier, Bürscherl, ich hab ein Brieferl für deinen Herrn."

In seiner Kammer hatte er sich aufs Bett fallen lassen, den Brief geöffnet und mit einem trockenen Schluchzen in der Kehle gelesen, was Jenny Blum ihrem Mann schrieb:

Liebster Mann, bist Du immer noch nicht frei? Wir machen uns entsetzliche Sorgen um Dich, und die Kinder verlangen ständig nach Dir!
Und heute muss ich Dir auch ein eine ganz traurige Nachricht übermitteln: Unser alter Freund Friese ist die letzte Nacht gestorben …

Rex hatte gewusst, dass es bald so kommen würde, seitdem er den Kranken in seinem Bett hatte liegen sehen, bleich, mit roten Flecken auf den Wangen und blutigem Schaum vor den Lippen. Seine eigene Mutter hatte so ausgesehen und mancher seiner Freunde, den sie ins Armenhospital geschleppt hatten, damit er nicht auf der Straße sterben musste.

Aber jetzt, da es passiert war, schnürte ihm der Kummer die Kehle zu.

Der ruhige, großzügige, freundliche Mann, der ihm fast so nahe stand wie Blum, war tot – und damit einer der beiden Menschen, die zwischen dem, der er jetzt war, und einem Leben in Schmutz, Elend und Gewalt standen.

Seine Sehnsucht nach Blum, seiner Stärke, seinem Humor, seiner Zuversicht wurde übermächtig.

Morgen früh, ganz früh, würde er in die Kaserne gehen. Er würde sich nicht abweisen lassen, notfalls behaupten, er wäre ein Spion des Kaisers, etwas von einer geheimen Botschaft faseln, so lange, bis sie ihn zum Kommandeur brachten. Dann würde er den Mann bitten, anflehen, Blum freizulassen, und wenn nicht …er war ein Leipziger Straßenjunge, mit allen Wassern gewaschen.

Lange wälzte er sich auf seiner Matratze, überlegte jedes Wort, das er dem Offizier sagen würde, feilte an jedem Satz, bis er endlich in einen unruhigen Schlaf fiel.

9. November 1848, fünf Uhr morgens

Blum erwachte davon, dass ihn jemand heftig an der Schulter rüttelte.

Er schlug die Augen auf und sah den jungen Leutnant über sich gebeugt, mit bleicher, ausdrucksloser Miene.

„Was gibt's?", fragte er schlaftrunken, um gleich darauf mit gewohntem Spott fortzufahren: „Hat die Revolution gesiegt? Holt man mich, um dem Volk die Demokratie zu verkünden?"

Der Leutnant presste nur die Lippen zusammen und schwieg. Vor der Tür wartete eine Wache von zwei

Mann; sie nahmen Blum in ihre Mitte. Gefolgt vom Leutnant brachten sie ihn in eine andere Zelle, wo ihn einer der beiden Rittmeister, die gestern das Verhör geführt hatten, erwartete.

Als seine Begleiter zurückgetreten waren und Blum ihn eher neugierig als furchtsam anblickte, entfaltete der Offizier ein Formular und begann mit erhobener Stimme zu lesen:

Der Buchhändler Robert Blum, geboren den 10. November 1807 zu Köln, wird wegen Anstiftung zu Aufruhr und Mord zum Tode verurteilt. Das Urteil ist sofort mit Pulver und Blei durch Erschießen zu vollziehen. Gegeben zu Wien, den 8. November 1848, Windisch-Graetz, Generalfeldmarschall.

Blums erste Reaktion war ungläubiges Erstaunen. Diese Farce gestern, dieses lächerliche Verhör, war also tatsächlich ein Standgericht gewesen. Ein Gericht, das ihm nicht einmal die Gelegenheit zur Anhörung gegeben hatte, von einem Verteidiger ganz zu schweigen. Sie hatten es tatsächlich gewagt, sich über alles geltende Recht hinwegzusetzen!

Dieses Urteil war so abwegig, dass es etwas Unwirkliches hatte, etwas von einer schlechten Komödie.

Mit offenem Mund starrte Blum den Offizier an. Der hatte wohl mit einem Ausbruch Blums gerechnet, mit einer verzweifelten Bitte um Gnade, und nutzte

Blums Schweigen erleichtert, um sich seiner Pflichten zu entledigen. „Alles Weitere liegt in Ihren Händen, Herr Leutnant", sagte er und machte sich mit einem steifen Nicken davon.

Da erst überfiel Blum die Erkenntnis mit voller Wucht, dass er in kurzer Zeit sterben sollte. Er sank auf einen Stuhl in der Zelle nieder und barg das Gesicht in den Händen. Angst war plötzlich in ihm, die ihm den Atem nahm und jeden Gedanken raubte, die ihn willenlos machte und lähmte.

Nur langsam, ganz langsam gewann er wieder die Oberhand über sich. Eine alberne Kleinigkeit war es schließlich, die ihm seine Fassung zurückbrachte. Jemand hatte ihm einmal erzählt, Menschen in Todesangst könnten oft das Wasser nicht halten. Nein, diese Genugtuung würde er ihnen nicht bieten. Er richtete sich auf und öffnete die Augen.

„Wir brechen auf, sobald es dämmert", sagte der Leutnant und hob die Schultern, wie um auszudrücken, dass er nur tue, was er tun müsse. „Kann ich etwas für Sie tun, Herr Blum?"

Blum nickte. „Bringen Sie mir Schreibzeug!"

Er war jetzt ganz ruhig.

9. November 1848, fünf Uhr dreißig morgens

Rex wälzte sich unruhig in seinem Bett. Er hatte schlecht geschlafen, üble Träume hatten ihn geplagt, und schon lange war er wieder wach. Er dachte an Friese, der elend an Auszehrung gestorben war, an Blum, über dessen Schicksal er nichts wusste, und an sich selbst, an das Leben auf der Straße, das er einst geführt hatte.

Plötzlich packte ihn die Furcht, es wieder führen zu müssen und legte sich wie ein erdrückendes eisernes Band um ihn. Mühsam kroch er aus dem Bett und zog sich an. Blum! Er musste Blum finden!

9. November 1848, fünf Uhr fünfzig morgens

Blum hatte inzwischen zwei Briefe geschrieben, an vertraute Freunde, auf die er sich verlassen konnte. Er hatte sie gebeten, das Wenige, das er selbst sein Eigen nannte, das Grundstück mit dem Haus, seine Kleider, Möbel und Bücher möglichst gewinnbringend zu verkaufen. So mochte es reichen, seine Frau eine Zeitlang zu versorgen und den Kindern eine gute Ausbildung zu ermöglichen. Für Rex hatte Friese eine Summe beiseitegelegt; Blum hatte die Freunde gebeten, sich auch um ihn zu kümmern, falls Friese dazu nicht mehr in der Lage wäre.

Während des Schreibens hatte er mehrmals innehalten müssen. Die Tränen waren ihm gekommen, immer wieder. Er hatte sich gesehen am sonntäglichen Mittagstisch mit Jenny und den Kindern, auf der Tribüne in Zwickau, als Ehrenbürger, während der Chor das Lied von der Freiheit sang, auf blumengeschmückten Wagen im Umzug durch die Städte, auf dem Rheindampfer in Köln, als Tausende von Menschen ihm zugejubelt hatten …

Er hatte immer gern gelebt, und immer noch regte sich die Lust zu leben mächtig in ihm und kämpfte mit dem Wunsch, sich in das Unvermeidliche zu fügen.

Einen Brief hatte er aufgehoben bis zum Schluss – er war der schwerste, und dennoch musste er ihn schreiben.

Wieder schwammen seine Augen in Tränen, als er nach einem neuen Bogen griff, die Feder in die Tinte tauchte, und begann:

Mein teures, gutes, liebes Weib, lebe wohl! Wohl für die Zeit, die man ewig nennt, die es aber nicht sein wird. Erziehe unsere Kinder zu edlen Menschen, dann werden sie ihrem Vater nimmer Schande machen … Alles, was ich empfinde, rinnt in Tränen dahin, daher nur nochmals: Leb wohl, teures Weib … tausend, tausend, die letzten Küsse von Deinem Robert …

Vor der Tür erklangen Schritte, der Leutnant trat ein. „Es ist Zeit, Blum. Wir müssen gehen. Sind Sie soweit?"

Blum siegelte den Brief und erhob sich. „Ja", sagte er knapp. Er verließ die Zelle, ohne sich umzusehen.

Draußen dämmerte es. Die Luft war nebelfeucht und kalt. Eine Mietkutsche wartete, daneben eine Anzahl Reiter. Blum stieg ein und drückte sich in die Polsterung. Sein Gesicht war ausdruckslos.

Der Leutnant saß auf und gab seinen Männern das Zeichen zum Aufbruch.

Langsam rollte die Kutsche, von den Reitern eskortiert, auf die Straße hinaus.

9. November 1848, sechs Uhr dreißig morgens

Obwohl die Ausgangssperre um sechs Uhr endete, begegneten der Kutsche und ihrer Eskorte kaum jemand. Der Trupp kam nur langsam voran, denn überall lagen noch die Trümmer der Barrikaden, umgestürzte Wagen, Balken, Bretter, hastig zusammengenagelte Gerüste, verkohlt, von Geschossen zertrümmert, von Axthieben gespalten.

Die Stadt hatte noch nicht zum Alltag zurückgefunden.

Einmal kam ihnen ein junger Mann entgegen, ein Junge fast noch. Als er die Kutsche und die Uniformierten bemerkte, schlug er hastig einen Bogen und verschwand in der nächsten Hofeinfahrt.

Den Mann in der Kutsche bemerkte er gar nicht, und der Mann, in sich selbst versunken, blickte nicht hinaus.

9. November 1848, neun Uhr morgens

Der Leutnant betrat das Dienstzimmer, stand stramm und machte seine Ehrenbezeugung.

Der Oberst hinter dem Schreibtisch sah auf und nahm das Monokel aus dem rechten Auge. „Nun?"

„Erledigt, wie befohlen, Herr Oberst", sagte der Leutnant.

„Sehr gut!" Unwillig schüttelte der Oberst den Kopf, als die Tür aufging und eine Ordonnanz das Zimmer betrat.

„Was gibt es denn schon wieder?"

„Entschuldigen, Herr Oberst. Aber da ist ein junger Bursch, aus Preußen, wie's scheint. Der sagt, er hätt' a wichtige Botschaft für Herrn Oberst und für einen Robert Blum. Um die Revolution geht's, sagt er."

Der Oberst verzog das Gesicht. „Schmeiß ihn raus, Moser! Die Revolution interessiert mich einen Dreck. Und der Blum …", er machte eine Pause und zwinkerte dem Leutnant beifällig zu, „der Blum is tot."

Schlussbemerkung

Die Ermordung Robert Blums (Julius Fröbel wurde begnadigt) erregte im gesamten Gebiet des Deutschen Bunds Trauer und Empörung; überall gab es Demonstrationen, freilich ohne dass es zu nennenswerten neuen Unruhen gekommen wäre. Zahllose mehr oder weniger gelungene Lieder und Gedichte wurden dem Vorkämpfer für Einheit und Freiheit gewidmet. Eines von ihnen, recht ungelenk in Rhythmus und Reim, wurde mit zahllosen Varianten überall in Deutschland gesungen. Doch während für mehrere Generationen jeder Arbeiter, jeder Schuljunge, jeder Student Robert Blum kannte und sein Andenken feierte, ist er heute beinahe vergessen, obwohl er einer der leidenschaftlichsten Kämpfer für die Demokratie war, die es in Deutschland je gegeben hat.

Hinrichtung Robert Blums, Gemälde von Carl Steffeck, 1848/49

Das Robert-Blum-Lied
(1848 von einem unbekannten Verfasser gedichtet, in vielen Fassungen mündlich überliefert)

Habt ihr gehört von dieser Mordgeschichte,
die sich zugetragen hat in Wien?
Robert Blum, der edle Freiheitskämpfer,
mit Hab und Gut soll er zu Grunde gehn.

Des Morgens in der vierten Stunde,
da öffnet sich das Brandenburger (Überlieferungsfehler!) Tor.
Die Hand am Rücken festgebunden
Tritt Robert Blum mit stolzem Blick hervor.

Die Ketten rasseln an den Händen,
kein deutscher Mann, der ihm zur Seite stand,
der Henkersknecht nur in der Mitte,
er kündigt ihm sein Todesurteil an.

Er sprach: „Ich bin bereit zu sterben,
gern opfre ich mein Leben für euch hin.
Doch eins, das liegt mir schwer am Herzen,
das ist mein vielgeliebtes Weib, mein Kind.

Hier diesen Brief gebt meinem Freunde,
hier, diesen Ring, den gebet meinem Weib,
und diese kleine goldene Uhr,
die gebet Alfred, meinem jüngsten Sohn."

Der erste Schuss, der traf ihn in die Schläfe,
der zweite traf das Herz mit vollem Ruhm,
und so erschossen sie den treuesten,
den deutschen Freiheitskämpfer Robert Blum.

Glossar

Befreiungskriege	Kriege europäischer Völker und Staaten gegen Napoleon, an denen viele junge Männer als Freiwillige teilnahmen, weil sie nach dem Sieg auf ein vereintes Deutschland hofften; 1812–1815
Biedermeierzeit	Epoche nach dem Wiener Kongress (1815), in der viele Bürger sich ängstlich oder enttäuscht aus dem politischen Leben zurückzogen und Wert auf Häuslichkeit und Familienidylle legten; eigene Stilrichtung in Literatur und bildender Kunst, eigene Wohnkultur; bis 1848
Büttner	Fassmacher
Chaiselongue	Ruhesofa mit schräger Seitenlehne
Demokraten	Damals Sammelbegriff für die politische Linke; D. forderten das allgemeine Wahlrecht sowie die Einführung der Volksherrschaft, als Befürworter der Republik lehnten sie die Monarchie entschieden ab; galten im Vormärz ihren konservativen und liberalen Gegnern als „Radikale"

Deutscher Bund	loser Zusammenschluss aus 35 deutschsprachigen Fürstenstaaten und vier Freien Reichsstädten seit dem Wiener Kongress 1815; bestand bis 1866
Droschke	Mietkutsche
Februarrevolution 1848	Bürgerlich-demokratischer Aufstand in Frankreich; beendete am 24. Februar die Herrschaft des „Bürgerkönigs" Louis-Philippe von Orléans; führte zur Ausrufung der Zweiten Frz. Republik
Französische Revolution 1789	Freiheitsbewegung in Frankreich. Wollte ohne Rücksicht auf Kultur und Sprache einen Nationalstaat mit gleichen Rechten für alle Bürger an die Stelle der Monarchie von Gottes Gnaden setzen; zum gewaltsamen Ausbruch kam die Revolution 1789, führte nach der Hinrichtung des Königs zu einer als „Schreckensherrschaft" bezeichneten Diktatur eines Bürgerkomitees und endete mit der gewaltsamen Machtübernahme Napoleons 1799
Gazette	(frz.) Zeitung; wichtiges Informationsmittel und Kommunikationsorgan der Liberalen und Demokraten

Gottesgnadenturn	Rechtmäßigkeit der Herrschaftsansprüche der Monarchen durch den Willen Gottes
Hambacher Fest	Massenkundgebung von Liberalen und Demokraten auf dem Hambacher Schloss (1832), auf der die Einheit Deutschlands und die Abschaffung der „Monarchien von Gottes Gnaden" gefordert wurden
Jäger	Elitetruppe unter den Soldaten, Sonderform der Infanterie (Fußtruppe)
Julirevolution 1830	Pariser Aufstand, der sich gegen den nach der Herrschaft Napoleons wieder eingesetzten König richtete, als der die Pressefreiheit aufhob
Karlsbader Beschlüsse	Beschlüsse des Deutschen Bundes zur Überwachung der Universitäten, zur Zensur von Zeitungen und Büchern sowie zur Einrichtung einer zentralen Überwachungsbehörde, als Reaktion auf die Ermordung Kotzebues durch Sand; 1819 auf Betreiben Metternichs gefasst
Ladenschwengel	abwertend für auszubildenden jungen Verkäufer

Latourisieren	derbes Scherzwort für „jemanden umbringen"; benutzt während des Wiener Aufstands 1848, bei dem der österreichische Kriegsminister namens von Latour getötet worden war
Laudanum	opiumhaltiges Schlaf- und Schmerzmittel
Leopoldstadt	Stadtteil von Wien
Liberal, Liberalismus	Bewegung während und nach der Frz. Revolution; forderte, weil der Mensch ein vernunftbestimmtes Wesen sei, politische und wirtschaftliche Freiheit für ihn und glaubte, dass der Fortschritt aus der Konkurrenz der Menschen untereinander entsteht; entwickelte sich vor allem in Preußen und in Südwestdeutschland; die Gleichheit aller Bürger in der Demokratie lehnten die meisten Liberalen ab
Meile, deutsche	Längenmaß: gut 7 km
Monarchie	bedeutet „Alleinherrschaft" und bezeichnet eine Staats- bzw. Regierungsform, bei der ein Herrscher (Monarch) das Amt des Staatsoberhauptes innehat

Nation	Gruppen von Menschen, die über kulturelle Merkmale wie Sprache, Tradition, Sitten, Gebräuche, Abstammung zu einer Einheit zusammengefasst werden
Offizier	höherer Dienstgrad beim Militär; verantwortlich für Führung, Ausbildung und Einsatz von Truppenteilen
Paulskirchen-parlament	die Versammlung der gewählten Abgeordneten, die ab März 1848 in der evangelischen Paulskirche in Frankfurt tagte
Pauperismus	Bezeichnung für die Verelendung der Unterschicht, die (anfangs) mit der Industrialisierung des 19. Jahrhunderts einherging
Perkussionswaffen	lösten Steinschlosswaffen ab, bei welchen die Treibladung mit einem Feuerstein gezündet wird. Bei Perkussionsgewehren erfolgt die Zündung der Patronenmunition über ein Zündhütchen
Perron	alte (frz.) Bezeichnung für Bahnsteig
Philippika	leidenschaftliche Rede geg. etwas bzw. jemanden

Prometheus	altgriechischer Gott, der aus Lehm den ersten Menschen schuf und den Menschen das Feuer brachte, das er zuvor Zeus gestohlen hatte; wurde zur Strafe von Zeus an einen Felsen im Kaukasus geschmiedet und von einem Adler gequält, bis ihn Herakles befreite
Restauration	von lat. „restaurare", wiederherstellen; Epoche der Zensur und Unterdrückung nach dem → Wiener Kongress 1815, die zur Entstehung des → Biedermeier führte
Republik	lat. res publica für „öffentliche Angelegenheit"; eine Staatsform, die sich an Gemeinwesen und Gemeinwohl orientiert und als Gegenmodell zur Monarchie verstanden wird
Schwindsucht	andere Bezeichnung für Tuberkulose, eine im 19. Jahrhundert- weit verbreitete, chronische Infektionskrankheit, die vor allem die Lungen befällt
Schwurgericht	Gericht für schwere Straftaten; zur Garantie der Gleichbehandlung aller Angeklagten haben Geschworene gleiche Stimmrechte wie Berufsrichter

Seitengewehr	auf den Gewehrlauf zu steckende Stichwaffe
Standgericht	Militärgericht, das im Krieg oder in kriegsähnlichen Verhältnissen, ohne die Beachtung sonst geltender Rechtsschutzmaßnahmen, Vergehen in Kürze aburteilen und auch mit dem Tod bestrafen kann
Ungarnaufstand 1848	Erhebung Ungarns gegen den österreichischen Herrscher, zu dessen Reich es gehörte; wurde mit russischer Hilfe von Kaiser Franz Joseph niedergeschlagen
Vorparlament	Versammlung von Vertretern der verschiedenen Stände des Deutschen Bundes, die von Ende März bis Anfang April 1848 die Grundlagen für eine Abgeordnetenwahl zum → Paulskirchenparlament erarbeiteten
Wartburg	traditionsreiche Burg im Thüringer Wald; 1817 versammelten sich dort Burschenschafter zum Gedenken an die Reformation (300. Jahrestag) und die Völkerschlacht bei Leipzig gegen Napoleon (4. Jahrestag), um für die Einheit und Freiheit Deutschlands zu demonstrieren

Wiener Kongress von September 1814 bis Juni 1815 in Wien tagender Kongress, in dem Fürsten und Staatsmänner der europäischen Staaten berieten, wie die Neuordnung Europas nach dem Sieg über Napoleon aussehen sollte; die Errichtung des Deutschen Bundes wurde dort beschlossen.

Zollschranken Der Deutsche Bund bestand aus 35 Fürstentümern und vier Freien Reichsstädten; wer Handel trieb, musste an jeder Grenze, die er überschritt, Zoll bezahlen, was die Wirtschaft erheblich behinderte; deshalb forderten besonders → Liberale immer wieder ihre Abschaffung.

Historische Personen

Arndt, Ernst Moritz (1769–1860), Historiker, Politiker und Dichter, Gegner Napoleons und Befürworter der deutschen Einheit; war 1848 Mitglied des Paulskirchenparlaments.

Colbert, Jean-Baptiste (1619–1683), Minister König Ludwigs XIV. von Frankreich (1638–1715), brachte die Staatsfinanzen in Ordnung und führte eine neue Wirtschaftsform in Frankreich ein.

Friedrich Wilhelm IV. (1795–1861), König von Preußen, lehnte die ihm vom Paulskirchenparlament angebotene deutsche Kaiserkrone ab.

Friese, Robert (1805–1848), Buchhändler und Verleger, Freund und Teilhaber Blums, der sich wie Blum für ein geeintes Deutschland mit einer freiheitlichen Verfassung einsetzte.

Fröbel, Julius (1805–1893), Journalist, Mitglied des Paulskirchenparlaments, wollte wie Blum ein demokratisches Deutschland errichten; wurde in Wien mit Blum gefangen genommen, später aber begnadigt.

Hecker, Friedrich (1811–1881), Jurist, einer der führenden Köpfe der Märzrevolution, organisierte 1848 den Aufstand gegen den badischen Großherzog.

Kotzebue, August von (1761–1819), Dramatiker und Journalist, stand zeitweise in russischen Diensten; wurde von dem psychisch kranken Studenten → Sand ermordet.

Latour, Theodor Graf Baillet von (1780–1848), österreichischer General und Kriegsminister, während des Wiener Aufstands getötet.

Metternich, Klemens Lothar Fürst von (1773–1859), österreichischer Staatskanzler, begründete ein System der Unterdrückung im Gebiet des ganzen Deutschen Bundes, um Freiheitsrechte und ein einiges Deutschland zu verhindern.

Napoleon I. (1769–1821), französischer General, Kaiser der Franzosen seit 1804 (durch Selbstkrönung); eroberte weite Teile Europas, bis er 1812 mit seinem Russlandfeldzug scheiterte; anschließend wurde er von den vereinten Heeren Englands, Russlands, Österreichs, Preußens und Schwedens geschlagen; seiner teilweise fortschrittlichen Gesetzgebung stand ein System der Unterdrückung und Bespitzelung gegenüber.

Sand, Karl Ludwig (1795–1820, hingerichtet), psychisch kranker Theologiestudent, Anhänger der Einheitsbewegung; ermordete → August von Kotzebue und löste damit die Karlsbader Beschlüsse aus.

Schenkendorf, Max von (1783–1817), Finanzwissenschaftler und Schriftsteller, nahm an den Befreiungskriegen gegen →

Napoleon teil und schrieb über diese Zeit leidenschaftliche Gedichte.

Schwarzenberg, Felix Fürst von (1800–1852), 1848–1852 österreichischer Ministerpräsident und Außenminister, war wesentlich an der Niederschlagung des Wiener Aufstands beteiligt.

Siebenpfeiffer, Philipp Jakob (1789–1849), deutscher Jurist und Journalist, der sich für die Pressefreiheit stark machte und der deutschen Einheitsbewegung angehörte; mit seinem Freund → Wirth organisierte er 1832 das Hambacher Fest.

Windisch-Graetz, Alfred Fürst zu (1787–1862), österreichischer Feldmarschall, der 1848 als militärischer Oberbefehlshaber auf Befehl → Schwarzenbergs den Wiener Volksaufstand niederschlug.

Wirth, Johann Georg (1798–1848), Freund → Siebenpfeiffers, mit dem zusammen er das Hambacher Fest organsierte.

Wuttke, Heinrich (1818–1876), Leipziger Geschichtsprofessor, Mitglied des Paulskirchenparlaments und Freund Blums.

Zeittafel

14. Juli 1789	mit der Erstürmung der Bastille beginnt die Französische Revolution
1799	Napoleon gelangt an die Macht: Ende der Französischen Revolution
1804	Napoleon krönt sich zum Kaiser
1806	der letzte Deutsche Kaiser des „alten Reichs" legt die Krone nieder
10.11.1807	**Geburt Robert Blums in Köln**
1813–1815	Befreiungskriege gegen Napoleon, der große Teile Europas erobert hat
1815	Napoleon wird endgültig besiegt
1814/1815	Wiener Kongress; Neuordnung Europas: der Deutsche Bund wird gegründet
1815	Gründung der ersten Burschenschaften
1817	Wartburgfest
23. März 1819	Karl Ludwig Sand ermordet August von Kotzebue
1819	Karlsbader Beschlüsse; Beginn der Restauration
1830	Julirevolution in Frankreich
1832	**Blum geht als Theatersekretär nach Leipzig**
27.-30. Mai 1832	Hambacher Fest

1837	Entlassung der „Göttinger Sieben"
27. April 1840	**Blum heiratet nach dem Tod seiner ersten Frau (1838) zum zweiten Mal (Luise Eugenie „Jenny" Günther)**
1840	**Blum gründet mit Freunden eine liberale Zeitung, die „Sächsischen Vaterlandsblätter"**
1845	**Blum wird mit großer Mehrheit zum Stadtverordneten von Leipzig gewählt**
1847	**zusammen mit Robert Friese gründet Blum die Verlagsbuchhandlung Blum & Co. und gibt ein „Staatslexicon für das Volk" heraus**
22. Februar 1848	Februarrevolution in Paris, Sturz des Königs
19. März 1848	**Blum wird zum Ehrenbürger Zwickaus ernannt**
31. März bis 4. April 1848	**Nach Unruhen überall in Deutschland entsenden die Stadträte und Landtage der Staaten des Deutschen Bundes Delegierte nach Frankfurt, die die Wahl zum Parlament vorbereiten sollen; Blum als Gesandter Zwickaus wird Vizepräsident des Vorparlaments**
18. Mai 1848	1. Tagung des gewählten Parlaments in der Paulskirche in Frankfurt

13. Oktober 1848	**Robert Blum reist mit Julius Fröbel und zwei anderen linken Abgeordneten nach Wien und nimmt am Volksaufstand teil**
1. November 1848	Der Volksaufstand bricht unter den Kanonaden des Fürsten Windisch-Graetz zusammen
4. November 1848	**Blum und Fröbel werden verhaftet**
7. November 1848	**Blums Freund Friese stirbt, vermutlich an Tuberkulose**
8. November 1848	**Prozess Blums vor dem Standgericht**
9. November 1848	**Hinrichtung Blums in der Brigittenau bei Wien**
November 1848	**Überall in Deutschland finden Trauer- und Gedenkfeiern für Robert Blum statt**
Dezember 1848	Das Parlament in Frankfurt beschließt die Verabschiedung der Grundrechte
April 1849	Der preußische König lehnt die ihm vom Parlament angebotene Kaiserkrone ab
Juni 1849	Nach dem Rücktritt zahlreicher Abgeordneter neuer Sitzungsort in Stuttgart, wo das Parlament von württembergischen Soldaten gewaltsam aufgelöst wird.

WOCHEN SCHAU VERLAG
... ein Begriff für politische Bildung

Komm, Bruder Tod

Der junge Bernhard tut sich schwer mit der Strenge des Klosterlebens. Da geschieht ein Mord an einem Mitbruder und Bernhard wird mit der Aufklärung des Falles beauftragt. Schnell zeigt sich: Der Mörder hat noch weitere Mönche im Visier. Bernhard ermittelt – und begibt sich in tödliche Gefahr ... Harald Pariggers Mittelalter-Krimi wurde speziell für den Geschichtsunterricht aufbereitet und weckt auch bei wenig geschichtsbegeisterten Lesenden historisches Interesse. Im gesonderten Begleitmaterial für Lehrkräfte finden sich zudem Hintergrundnarrationen, Karten- und Quellenmaterial sowie einzelne Arbeitsblätter und didaktische Hinweise zur Gestaltung von Unterrichtseinheiten.

von Harald Parigger
Reihe „#hiStory"
ISBN 978-3-7344-1556-2, 192 S., € 16,90
mit umfangreichem Downloadmaterial
PDF: ISBN 978-3-7566-1556-8, € 15,99

Politik durchschauen

Das Buch erleichtert Bürger*innen den Zugang zur Politik und bietet den Schlüssel zum selbstständigen Arbeiten. Im Mittelpunkt stehen Fragen und zentrale Politikbegriffe, die das politische Analysieren, Urteilen und Handeln unterstützen. Anhand vieler Beispiele verdeutlichen Gotthard Breit und Siegfried Frech, wie politische Vorgänge auf diese Weise durchschaubar werden. Der Leitfaden vermittelt somit nicht nur Faktenwissen, sondern ist zum eigenständigen Lernen geeignet. Der Inhalt von wurde für diese Neuauflage entsprechend den Vorschlägen von Benutzer*innen überarbeitet.

von Gotthard Breit und Siegfried Frech
Reihe „Politik unterrichten"
3., vollständig überarbeitete Auflage
ISBN 978-3-7344-1572-2, 120 S., € 12,90
PDF: ISBN 978-3-7566-1572-8, € 11,99

Deutsche Geschichte in Karikaturen

Bereits 75 Jahre ist die Bundesrepublik nun alt. Die hier versammelten über 150 Karikaturen zur deutschen Geschichte seit 1949 stammen von drei der bekanntesten deutschen Karikaturisten und rufen den Leser*innen als anschauliche Quellen nicht nur die wichtigsten Ereignisse und Entwicklungen der vergangenen Jahrzehnte in Erinnerung, sondern konfrontieren heutige Betrachter*innen zugleich mit einem unverstellten, zeitgenössischen Urteil.

hrsg. von Ulrich Schnakenberg
Reihe „Geschichte unterrichten"
ISBN 978-3-7344-0881-6, 176 S., € 12,90
PDF: ISBN 978-3-7344-0882-3, € 12,90

hrsg. von Hubertus Buchstein,
Kerstin Pohl, Rieke Trimcev
10., vollständig überarbeitete Auflage
ISBN 978-3-7344-1239-4, 368 S., € 22,90
PDF: ISBN 978-3-7344-1240-0, € 21,99

Demokratietheorien

Von der Antike bis zur Gegenwart

Dieses Standardwerk zu Demokratietheorien präsentiert die wichtigsten Autor*innen, die von der Antike bis in die Gegenwart über die Regierungsform der Demokratie, ihre Merkmale, ihre Begründung und ihre Probleme nachgedacht haben. Die Kombination von kurzen Primärtexten und einordnenden Kommentaren ermöglicht eine rasche Orientierung und einen guten Zugang zu Schlüsselwerken der Ideengeschichte und der zeitgenössischen politischen Theorie. Für die 10. Auflage wurden viele Interpretationen aktualisiert und neue Quellentexte ergänzt. Neu hinzugekommen ist insbesondere ein Abschnitt zu Gegenwartsproblemen der Demokratie, der jüngere Entwicklungen im Feld der Demokratietheorie nachzeichnet.